이익을 넘어 사람을 남기는 기업의 설계도

행복한 경제=협동조합

띠지 사진 제공 : 뉴시스

행복한 경제=협동조합

초판 1쇄 인쇄일 | 2017년 11월 20일   초판 1쇄 발행일 | 2017년 11월 25일

지은이 | 신협중앙회 · 이선영
펴낸이 | 강창용
책임기획 | 이윤희
책임편집 | 오원실
디 자 인 | 가혜순
책임영업 | 최대현· 민경업

펴낸곳 | 느낌이있는책
출판등록 | 1998년 5월 16일 제10-1588
주 소 | 경기도 고양시 일산동구 중앙로 1233(현대타운빌) 1202호
전 화 | (代)031-932-7474
팩 스 | 031-932-5962
홈페이지 | http://feelbooks.co.kr
이메일 | feelbooks@naver.com

ISBN 979-11-6195-053-2   03320

이 도서의 국립중앙도서관 출판예정도서목록(CIP)은 서지정보유통
지원시스템 홈페이지(http://seoji.nl.go.kr)와 국가자료공동목록시스
템(http://www.nl.go.kr/kolisnet)에서 이용하실 수 있습니다.
(CIP제어번호: CIP2017030141)

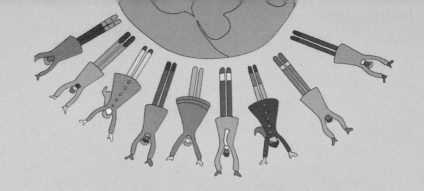

이익을 넘어 사람을 남기는 기업의 설계도

행복한 경제=협동조합

| 신협중앙회 · 이선영 공저 |

수많은 사람의 드림카

람보르기니, 페라리

이 매혹적인 자동차를 생산하는 회사를 아시나요?

그 / 렇 / 다 / 면

미국의 썬키스트

뉴질랜드의 제스프리

스페인의 FC 바르셀로나

우리나라의 햇사레의

주인은 아시나요?

세계적인 브랜드이니
대기업이라 생각할 수 있지만,
아닙니다.
이 회사의 주인은

지역협동조합 입니다.

일반 기업은 CEO 한 사람이

회사를 운영하지만,

협동조합은 조합원들이

민주적인 방법과 협동력을 발휘해 운영한 다음

그 이익을 나눕니다.

이런 협동조합의 핵심은

"나 혼자 잘살자"가 아니라
"우리 함께 잘살자"입니다.

금융에도 협동조합이 있습니다.
신협, 신용협동조합이 바로 그것이죠.
함께 출자하고 또 함께 운영하는 신협은
세계적으로 널리 퍼져 있습니다.
미국의 NASA, 하버드대학교에도 신협이 있습니다.
백악관에도 신협이 있는데요.
그곳 직원들, 전·현직 대통령과 가족들이
조합원입니다.

한국의 신협은
전쟁 후 가난한 서민들의 자립을 위해
생겨났습니다.
끼니도 해결하지 못하는 사람들에게
사채는 어쩔 수 없는 선택이었습니다.
그리고
신협은 저금리대출을 시작해 고리채의 늪에서
빠져나오도록 도와주었죠.
그때부터 신협은 많은 이의 동반자가 되었고
지금까지 함께 성장했습니다.

신협에 대한 생각 중에는
가난한 이들이나 지방 주민만을 위한 은행이라는
편견이 있습니다.
그것은
신협에 대해 잘 모르기 때문에
할 수 있는 생각입니다.
삼성, 현대, LG 같은 기업이나
한국은행, 하나은행 등의 은행에도
직원들을 위한 신협이 있습니다.

신협은 조합원 한 사람 한 사람의 희망을 모아
꿈을 키우도록 돕습니다.
그리고 그 가치를 함께 나누지요.

이런 신협은 금융뿐 아니라
나눔과 상생을 위한 다양한 서비스를 제공합니다.
문화센터, 빨래방, 도서관, 어린이집, 목욕탕,
농자재마트, 장례식장 등
그 지역 사람들에게 꼭 필요한 것들이죠.
이는 신협의 주인이 곧,
지역 주민이기 때문에 가능한 것입니다.

혼자 가면 빨리 갈 수 있지만
함께 가면 멀리, 오래 갈 수 있습니다.
이것이 신협의 모토입니다.

신협, 그리고 협동조합을 알면
혼자 해내기 어려웠던 일들이
공동체의 힘으로 가능하게 됩니다.
나와 조합원이 가족이 되고
내가 속한 공동체의 주인이 되어
보다 단단하게 성장할 수 있습니다.

만인은 일인의 자립을 돕고, 일인은 만인의 꿈을 키운다

돈이 곧 밥이던 시절이 있었습니다. 가난은 평범한 이웃의 삶이었고, 희망은 너무나 멀리 있었습니다. 1960년, 전란의 잿더미 속에서 협동을 통해 스스로, 더불어 잘살기 위한 희망의 불씨가 피어올랐습니다. 가톨릭을 중심으로 시작된 신협 운동이 그것입니다.

열 개의 밥그릇에서 한 숟가락씩 덜어 새롭게 한 그릇을 채우는 마음으로 어려운 이웃들이 돈을 모아 모두의 힘으로 삼았습니다. 가난의 벽 앞에서 절망했던 사람들은 다시 일어설 힘을 얻었습니다. 사람들은 자신의 꿈과 열정을 담보로 돈을 빌렸고 노력하는 삶으로 그 믿음에 답했습니다. 가난한 사람들, 자영업자, 중소상공인들에게 희망의 등불이 된 신협은 서민경제의 성장과 함께 자라고 열매를 맺었습니다.

1990년대까지 비약적인 발전을 해온 신협은 외환위기로 어려움을 맞았습니다. 성장의 단맛에 취해 은행을 본뜬 대형화와 확장은 협동을 통해 더불어 잘살자는 초심을 잃어버리게 했고, 그 대가는 혹독했습니다. 하지만 잃어버린 시간 동안 신협은 큰 깨달음을 얻었습니다.

우리의 초심은 무엇인가? 신협인의 마음에 담긴 초심은 '사람이 중심이 되는 따뜻한 금융'입니다. 조합원 중심의 경영, 서민들의 금융지원을 통한 자립과 자활 지원, 지역민과 지역사회를 위한 복지사업, 청년 일자리 창출, 협동조합 간의 연대를 통한 상생, 그리하여 마침내 더불어 잘사는 공동체를 실현하는 것. 누구나 노력하면 꿈을 이룰 수 있고, 그 꿈은 누군가를 위한 나눔으로 이어져 아름답게 선순환되는 사회가 바로 우리가 생각한 처음의 꿈이었습니다.

장밋빛 기대로 맞이했던 21세기지만 여전히 우리의 삶은 팍팍합니다. 취업, 연애, 결혼, 출산, 내 집 마련, 여기에 꿈과 희망까지 포기한 이른바 7포 세대의 청년들과, 양극화의 그늘에서 최소한의 사회 안전망마저 없는 가난한 이웃들은 다시 우리에게 묻습니다.

"꿈과 희망은 어디에 있는가?"

그 질문에 대해 우리는 이렇게 답하려고 합니다.

"따뜻한 금융으로 당신의 든든한 버팀목이 되겠습니다."

희망이 없는 시대라고 합니다. 신협은 돈이 아니라 사람이 중심이 되는 금융을 통해 미래 세대에게 희망의 메시지를 전하고 싶습니다. 소외된 이들에게 신협은 이렇게 전합니다.

"신협은 혼자 빨리 가지 않겠습니다. 모두 함께, 멀리 가겠습니다. 우리의 중심에는 언제나 사람이 있습니다."

이 책은 지난 반세기 동안 신협이 걸어온 길과 신협 사람들의 투박하지만 진솔한 이야기입니다.

18

또한 신협과 협동조합에 대한 안내서이자 가난과 질곡의 대한민국에 기적처럼 협동조합의 씨를 뿌린 열정의 선구자들, 27명에서 출발해 600만 명의 '더불어 사람 숲'을 만들어 주신 조합원들에게 보내는 헌사기도 합니다.

'우리'라는 아름다운 말이, '상생과 협동'이라는 공동체 정신이, 각박함과 이기심으로 사라져 가는 시대에, 행복한 경제 공동체를 위한 첫걸음이 되기를 희망합니다.

— 600만 신협 조합원을 대표하여 신협중앙회장 **문철상**

공동체의 이름으로 만들어가는 대한민국을
물려주고 싶어요

"아는 만큼 보인다. 신협도 그렇다."

3년 전만 해도 신협의 존재를 몰랐습니다. 몇 년 동안 출근길 한편의 신협 간판이 자신의 얼굴을 보아달라며 저를 향해 고개를 내밀었지만, 매번 본 체도 안 하고 지나쳤습니다. 한 번도 그 이름을 눈여겨 바라본 적이 없었습니다. 다큐멘터리 제작을 하던 중에 신협의 이름을 처음 알았습니다. 신협이라는 이름을 들었을 때는 그저 제2 금융권의 하나인가 생각했죠. 저축은행의 한 갈래라고 생각했던 신협이 신용협동조합이라는 것을 알게 되기 전까지 저에게 신협은 잘 알면서도 잘 모르는 이상한 금융 브랜드였습니다.

"자세히 보면 더 예쁘다. 신협도 그렇다."

방송을 제작하면서 신협을 공부했습니다. 그러면서 우리에게 꼭 필요한 미래 경제는 협동조합에서 시작된다는 생각이 들었습니다. 신협의 정신에 마음을 홀렸죠. 빨리 가려면 혼자 가고, 멀리 가려면 함께 가라는 신협의 정신이 제 마음을 움직였습니다. 신협에 대해 공부하면 할수록 좋은 사람들과 함께 이 이야기를 나누고 싶었습니다.

그때 고등학교 동창회에서 30주년 기념 모임을 가졌는데, 의미 없이 모였다 헤어지는 관계가 아니라 의미를 부여하고 싶어 친구들에게 신협의 의미를 공유하며 함께 공부했습니다. 알게 되면 누구나 신협의 협동 정신에 공감하게 마련입니다. 100여 명의 친구 중, 절반의 친구들이 함께 출자금을 냈고 그렇게(제가 알기로는 최초의) 여고 동창협동조합이 세상에 태어났습니다.

"저는 여고 동창협동조합원입니다."

여고 동창협동조합도 신협의 협동조합 원칙을 그대로 따릅니다. 출자금을 내고 누구나 1표의 의사결정권을 갖고, 조합원 누구나 주인으로 참여합니다. 다른 동창생보다 조금 더 싸게 물품을 구매하고 약간의 수익금은 적립해서 연말에 배당하기로 했습니다. 배당금은 다시 십시일반 모아서 학교 동문회에 동기회 이름으로 기부를 할 계획도 세웠습니다. 우리의 야심 찬 포부는 과연 열매를 맺을 수 있을까요? 2017년 1월 시작해서 이제 1년을 맞았으니 연말 결산을 하면 어느 정도 결실을 얻었는지 알 수 있을 것입니다. 첫걸음은 미약했지만, 언젠가 우리도 신협처럼 크게 성장할 수 있으리라 기대합니다.

"이제 신협이 보인다."

이제 어딘가에 가면 늘 신협이 눈에 들어옵니다. 낯선 곳에 가서 신협의 이름을 발견하면 반갑습니다. 그리고 다시 한 번 생각하죠. 함께하는 공동체의 가치를 말입니다. 신협을 통해 여고 동창협동조합을 만들었고, 앞으로 만나는 이들과 함께 다양한 협동조합을 만들려 합니다. 협동조합의 이름으로 만들어가는 공동체 대한민국, 그 미래를 우리의 아이들에게 물려주고 싶습니다. 더 많은 협동조합이 이 땅에 뿌리내리기를 소망합니다.

– 이선영

차인표 (신협 사회공헌재단 홍보대사)

제가 신협의 홍보대사를 하는 이유가 있어요. 혼자 잘사는 것이 아니라 혜택을 조합원이 함께 나누는 신협 정신이 제 마음을 움직였기 때문입니다. 신협의 가치는 각박한 시대에 더욱 빛나요. 모두 그 가치를 알아봐 주셨으면 좋겠습니다.

박원순 (서울시장)

빨리 가려면 혼자 가고, 멀리 가려면 함께 가라는 말이 있습니다. 이 책은 지난 반세기 동안 흩어진 만인의 힘을 모아 일인의 자립을 돕고, 일인의 힘을 모아 만인의 꿈을 키우자는 철학을 갖고 걸어온 신협 사람들의 이야기입니다. 협력과 연대의 힘을 믿는 모든 분께 일독을 권합니다.

정해상 (MBN 신협 특집 다큐멘터리 CP)

신협은 알면 알수록 참 좋은 곳이라는 생각이 들어요. 서민들에게 정말 필요한 곳이죠. 저도 신협 관련 다큐멘터리를 제작하며 신협의 가치에 공감하게 되었습니다. 이 책을 읽고 나면 제가 왜 그런 마음이 들었는지, 모두 아실 거예요.

왜 그녀는 신협으로 계좌를 옮기자고 했을까?

2011년 9월 29일, 세계적 방송사인 미국의 ABC 뉴스에 온 미국인의 관심이 쏠렸다. 앵커는 흥분한 목소리로 주요 뉴스를 보도했다. 이날의 쟁점은 '은행 옮기는 날(Bank Transfer Day)'이었다. 화랑을 운영하는 이십 대 후반의 한 여성도 LA의 자택에서 그 뉴스를 보고 있었다. 그녀의 이름은 크리스텐 크리스천. '은행 옮기는 날' 운동의 최초 제안자였다.

크리스텐 크리스천은 거대 은행의 횡포에 분노한 시민 중의 한 사람이었다. 직불카드 소비자들에게 새로운 수수료 정책을 적용하겠다는 은행의 발표가 그녀의 분노에 불을 지폈다. 새로운 정책이라는 말은, 다른 말로 하면 직불카드 사용자들에게 앞으로 더 높은 수수료를 부과하겠다는 의미였다. 새 정책이 시행되면 한 달에 5달러 정도의 수수료를 더 내야만 했다.

어쩌면 그리 많지 않은 액수일 수도 있었다. 하지만 크리스천은 돈이 아니라 소비자들을 대상으로 하는 새로운 정책에 분노했다. 대형은행들은 소비자의 권리 따위는 안중에도 없었다. 소비자를 외면한 채 이익만을 추구해 온 은행의 행태에 분노한 그녀는 '비영리' 신용협동조합, 즉 신협으로 계좌를 옮기겠다고 마음먹었다. 그리고 자신의 결심을 '신협 계좌 전환'이란 제목을 달아 페이스북에 올렸다.

"내가 대안으로 택할 수 있는 것들을 조사한 결과,

신협만이 명확한 선택지였다.

난 신협이 지역 공동체를 위해 얼마나 봉사하고 있는지

미국인들에게 알려주기 위하여 행동을 취하기로 했다."

-크리스텐 크리스천의 페이스북 게시글 중-

페이스북에 그녀의 글이 올라가자마자 많은 이가 공감했다. 그녀의 친구들은 500여 명뿐이었는데 친구의 글을 읽은 다른 친구들이 자신의 지인들에게 공유하며 순식간에 미국 전역에 퍼졌다. 그리고 지지자들이 속출했다. 동참을 선언한 이들이 8만 2천 명이 넘었다.

크리스텐 크리스천이 제안한 은행 옮기기 운동의 발단이 된 사건은 2008년의 가을로 거슬러 올라간다. 미국의 금융위기로 세계 경제의 심장이라는 월가는 붕괴했고 미국과 세계 경제가 동반 추락하고 있었다. 2008년에 시작된 금융시장의 붕괴는 세계 곡물 시장에 여파를 미쳤고, 시장 가격이 천정부지로 치솟으며 지구 전체에 영향을 미쳤다. 설상가상으로 중동의 석유파동도 동시에 일어났다.

경제전문가들은 2008년의 세계 공황을 '1929년의 대공황에 버금가는 최대 위기'라고 정의했다. 2008년에 시작된 금융위기는 2011년에 월가의 점령 시위로 이어졌다. 1%의 부자들에 대항하는 99%의 저항이라 말하는 '월가 점령'이었다. 뉴욕 월가 한복판에 모인 99%의 서민들은 세계 경제를 초토화한 투자회사와 금융회사, 세금으로 이들 기업을 구제한 국가를 상대로 '정의'를 외치며 떨쳐 일어났다.

이 사건은 미국인을 포함한 세계인들에게 협동조합, 특히 신협에 관심을 끌게 하는 계기가 되었다. 월가의 점령 시위 도중에 "은행 계좌를 폐쇄하고, 신협으로 옮기자!"라는 구호가 터져 나온 것이다. 99%를 가난에 빠뜨린 대형 은행의 계좌를 폐쇄하고 신협으로 계좌를 옮기자는 주장이 일었다.

글로벌 금융위기 속에 신협의 존재가 새삼스레 사람들의 뇌리에 각인되기 시작했다. 세계 금융의 심장부인 뉴욕과 유럽으로부터 거대 금

▌거대 은행의 새로운 수수료 인상 정책 발표는 사람들로 하여금 신협으로 은행을 옮기자는 '은행 옮기는 날'을 만들도록 했다.

융자본이 아닌 서민금융의 필요성과 가치가 큰 반향을 일으킨 것이다. 세계 각국의 문제가 된 경제 양극화를 해소하기 위해 경제적 약자들이 배려받는 금융공동체 운동이 관심을 받기 시작했다. 그리고 그 중심에 신협이 있었다.

그런데 크리스텐 크리스천이 신협으로 계좌를 옮기자고 제안한 이유는 무엇일까? 신협의 조합원은 은행의 고객과는 다르다. 은행의 고객은 금융서비스를 이용하기만 하는 사람이고 수익은 은행의 주주가 가져간다. 하지만 신협은 조합원이 고객이자 주인이므로 조합원이 수익을 배당받는다. 곧 금융의 주체가 조합원이다. 신협에서는 조합원 중에서 대표자를 선출하고 조합의 발전 방향, 미래의 비전을 함께 상의해 세운다.

은행에서는 주주의 배를 불리기 위해 수익을 극대화해야 하고, 주주는 탐욕적인 행태로 과도한 배당을 요구하기도 한다. 주주가 자신의 발언권에 힘을 실으려면 많은 양의 주식을 가지고 있어야 하므로 돈이 많은 사람이 힘을 갖는다. 주식을 가장 많이 보유한 주주가 은행의 주인이다. 하지만 신협은 이와 다르다. 조합원 누구에게나 공평하게 1인 1표의 원칙이 있다. 그러니 무리하게 배당을 요구하는 대주주의 횡포가 있을 수 없다. 신협은 구조적으로 1인 출자 한도가 제한되기 때문에 대주주와 같은 독점적 지배구조가 형성될 수 없다. 이런 이유로 미국인들은 신협을 신뢰한다. 크리스텐 크리스천이 2011년 11월 5일을 '은행 옮기는 날'로 선언하며 신협으로 계좌를 옮기자는 캠페인을 벌였던 것도 신협을 신뢰했기 때문이었다.

그녀와 같은 생각을 가진 이들은 뜻밖에도 많았다. 대형 은행에서 비영리 신협으로 계좌를 전환하자고 하자, 수만 명의 사람이 온·오프라인으로 그녀와 함께하겠다며 동참 의사를 밝혔다. 크리스천처럼 은행에 저금한 돈을 신협으로 옮기는 것은 시민들이 실천할 수 있는 일이었다.

> "월마트가 싫어서 동네 슈퍼에서 물건을 사는 것처럼,
> 사람들이 존경할 수 있는 금융으로 돈을 옮기자."
>
> -크리스텐 크리스천

크리스텐 크리스천이 말하는 존경할 수 있는 금융이 곧 '신협'을 뜻한다는 것을 사람들은 알았다. 마침내 11월 5일 '은행 옮기는 날'을 맞아, 하루에만 4만여 명의 시민들이 월스트리트의 대형 은행 계좌에서 돈을 빼서 미국 전역에 산재한 신협에 새 계좌를 개설했다. '은행 옮기는 날' 캠페인을 시작한 뒤, 65만 명이 넘는 시민들이 신협으로 돈을 옮겼다. 이렇게 옮긴 금액이 45억 달러가 넘었다.

금융위기 이후, 신협은 마치 내게 슈퍼맨으로 변신하는 클라크처럼 보였다.

미국의 메이저 은행들이 공적자금을 빨아들이며 하염없이 생존을 위해 몸부림치고 있을 때, 비우량 주택담보대출의 비율이 현저히 낮았던 신협은 상대적으로 훌륭해 보이기 시작했다.

– 낸시 폴브레Nancy Folbre, 매사추세츠 애머스트 대학 경제학 교수

세계는 한때 '세계화'를 꿈꾸었다. 각 국가에서는 글로벌 영업을 할 수 있도록 기업과 은행들에 각종 금융규제를 풀어주었고, 그 결과 단일시장을 지배할 수 있는 초국적 기업들이 탄생했다. 초국적 기업들은 세계화라는 이름으로 혜택을 등에 업고 상대적으로 취약한 지역 경제를 흡수하며 발전했다.

산업화 이후에 세계 경제는 성장에 성장을 거듭했다. 양적 팽창과 고속성장은 오히려 빈부 격차와 양극화를 가져왔다. 지구에 존재하는 자원은 유한하므로 그것이 한곳에 집중되면 불균형을 가져온다. 양적인 팽창만으로는 다수의 행복을 보장할 수 없다. 2008년 금융위기 이후 사회경제적 양극화의 심화와 금융서비스 공동화 현상이 생기면서 신협이 주목받은 것은 어쩌면 당연한 결과였다.

금융당국, 유엔, 심지어 교황까지 이번 금융위기를 통해 세계의 신용협동조합이 얼마나 튼실한지 알게 되었습니다. 신협은 조합원에게 합리적인 서비스를 제공한다는 목표가 있습니다. 이것은 주주의 이익을 극대화하려는 일반 기업처럼 위험한 투자를 아예 하지 않는다는 말입니다.

신협은 금융위기에도 흔들리지 않았습니다. 특히 미국 신협은 2008년 말 총자산 규모가 8,258억 달러로 2007년보다 오히려 7.1%나 늘었습니다.

- 피트 클리어Peter Crear,

세계 신협 협의회(World Council of Credit Unions) CEO, 2009년 8월

주주의 이익을 극대화하는 대형 금융권에 대한 불신이 오히려 신협의 신뢰를 높이는 계기가 되었다. 세계적인 경제학자와 미래학자들은 경제위기를 거치며 신협이 더욱 부상하게 되리라 예측했다.

"국가는 소멸하고 개인의 힘은 더 커질 것입니다. 금융위기의 패배자는 금융회사가 아니라 국가입니다. 개인은 비록 이번 위기로 많은 아픔과 고통을 겪었지만 이를 기회로 오히려 더욱 투명하고 강해질 것입니다. 더 먼저 매를 맞은 개인은 견제와 균형의 원리를 바

탕으로 보다 건강해질 수 있을 것입니다. 세계 경제의 위기로 세계는 다극 체제로 이행 속도가 더욱 빨라질 것이며, 1980년대 이전의 미국과 소련의 양극체제처럼 이번엔 다극의 시대가 올 것입니다. 앞으로 신협이 급부상할 것입니다. 이번 금융위기로 큰 은행에 대한 불신이 매우 커졌습니다. 믿을 수 있는 사람끼리 자금을 모아 관리하는 조합 형태의 소규모 지역 금융이 지난 6개월 동안 급속도로 성장했습니다. 변화에 대한 의지가 미래를 만들어갈 것입니다."

– 티모시 맥Timothy Mack, 세계 미래학회장(2009. 5. 15 한국경제)

차례

1부   개인을 넘는 공동체의 힘, 협동조합

2부 한국 신협은 누구를 위해 탄생했을까

3부   함께 해야 오래, 멀리 간다

1부

개인을 넘는 공동체의 힘,
협동조합

금융위기가
사람 중심의
경제를 찾게 하다

2012년 1월 〈월스트리트〉에 "유럽 청년들의 대탈출이 시작됐다."라는 제목의 기사가 올라왔다. 2008년 금융위기 이후 유럽에서 일자리를 찾지 못한 유럽의 청년들이 돈벌이할 수 있는 브라질이나 아시아로 떠난다는 심층취재 기사였다. 기자는 이제 유럽에는 남은 청년들이 없다는 이야기를 하며 청년들의 대탈출이 유럽의 심각한 사회문제가 되었다고 말했다.

세계는 지금 '유럽 경제의 추락'이나 '일본의 잃어버린 20년'과 같은 세계적인 장기침체 논란으로 시끄럽다. 세계적인 경제학자들마저 '끊임없이 경제적 이익만을 추구하던' 자본논리가 실패했다는 이야기를 공공연하게 하고 있다. 자본주의, 즉 '팔아서 더욱 큰 이윤을 남기기 위한 생산·소비 시스템'이 구조적인 한계에 봉착한 것은 아닐까. 이 말은 단순히 경제위기나 자본주의의 붕괴를 의미하는 것은 아니다.

지금까지 인류가 맹신했던 자본주의의 토대가 무너진 것이며 인류는 이미 삶의 위기, 즉 생명의 위기를 온몸으로 느끼고 있다는 말이다.

어쩌면 예견된 일이었다. 산업화 이후 우리의 생활은 사람이 아닌 돈이 중심이 되었고, 그 결과 다양한 문제가 일어났다. 자본주의는 부의 집중화를 가속해 1%의 부자들을 위하여 99%의 다수가 존재하는 기형 구조가 되었다. 미국의 금융위기는 유럽의 경제위기를 초래했고 그리스를 비롯한 몇몇 유럽 국가들은 국가 부도 위기에 처했다. 한국도 다르지 않았다. 장기적인 경기침체를 비롯해 골목 상권 파괴, 비정규직 등 크고 작은 문제들이 계속 이어졌다.

경도된 물질적 풍요의 대가는 배금주의와 인간소외로 귀결됐고, 초고속의 경제 성장에 몸을 맡겼던 한국은 고스란히 그 피해에 노출되었다. 세계 최고의 노동시간과 자살률, 세계 최저의 출산율 등은 우리 안에 내재한 삶과 생명의 위기를 극적으로 반증하는 수치다. 지속 가능한 삶에 대한 경고를 이미 훌쩍 넘겨버린 우리 사회는 자본주의를 대체할 보완재를 찾기 시작했다. 그 대안으로 등장한 것이 바로 협동조합이다.

우리는 협동조합에서 해답을 찾을 수 있을까? 과연 협동조합은 자본주의의 대체재가 될 수 있을까? 협동조합이 우리의 지속 가능한 성장발전을 위한 기반을 만들 수 있을까? 신뢰를 기반으로 한 신용협동조합이 한국의 미래를 지속 가능한 발전의 시대로 되살릴 수 있는 매개가 될 것인가? 공존을 위한 신협의 실험은 성공할 수 있을 것인가?

수많은 물음에 협동조합은 모두 긍정의 답을 내놓는다.

협동조합이 자본주의 체제의 대안이 되기 위해서는 자본주의의 일부가 아니라, 자본주의와 다른 시스템이 만들어져야 하는데, 세계적으로 성공한 협동조합은 이미 새로운 경제 생태계를 만든 바 있다.

영리 위주의 자본주의 시장경제를 인정하면서도 거기에 편입되지 않고 공존하며, 협동조합과 호혜 시장을 확장해가는 것이다. 그리하여 마침내 한계에 이르렀을 때 자본의 무게 중심이 이동하며 새로운 시스템이 형성된다. 그때가 바로 1%에서 99%를 위한 시장으로 전환되는 때며 지금이야말로 그 어느 때보다 사람이 중심이 되는 경제, 공동체가 중심에 선 사회가 필요한 시점이다.

지속적 성장을 위한 시스템의 해답은 협동조합에 있다

'효율성'과 '합리성'의 경영을 금과옥조로 떠받들던 20세기는 최소의 비용으로 최대의 효과를 창출하는 대량생산이 최고의 덕목이었다. 신자유주의라는 경제전문가들의 '바이블'은 안타깝게도 21세기를 맞아 끝없이 추락하는 경제를 구원하지 못했다. 하지만 21세기에는 오히려 새로운 패러다임이 필요할 수도 있다며 전환의 필요성을 제기한 이들이 생겨났다. 그들은 새로운 패러다임으로 인류가 생존할 의미를 찾아야 할 때, 지금까지 우리의 눈을 가렸던 '시장', '자유시장', '자본주의' 등의 렌즈를 걷고 나면, 새로운 세상과 만날 수 있다고 말한다.

지금까지와는 다른 방법으로 '길'을 찾아 나서자, 눈앞의 이익과는 무관해 보이는 것이 드러났다. 눈앞에 보이는 이익이 '번영과 성장'이라면, 그 너머에는 '지속적인 성장의 길'이 있었다. 《성공하는 사람들의 일곱 가지 습관》의 저자 스티븐 코비는 "사람을 겸허하도록 하는 환경의 힘, 혹은 양심의 힘이 세지는 시대가 도래한다."라고 주장하며 이를 '지혜의 시대'라고 했다. 새로운 지혜의 시대에는 "자기가 가야 할 방향과 목적을 선택하는 나침반, 즉 변함없이 보편적이며 영원한 자연의 법칙과 원리를 따르는 지혜의 힘이 필요하다."라고 주장했는데, 그것은 새로운 경제활동에 관한 실천방안을 의미한다.

대규모의 중앙집중적 시스템은 '개발'이란 평계로 지구를 병들게 하고, 삶의 질을 파괴했다. 이런 시스템으로 지속적인 발전이 가능할 것인가. 일부에서는 붕괴와 위기를 초래한 대규모의 중앙집중적인 시스템인 신자유주의적 세계화 모델에서 탈출할 것을 제안한다. 다양한 삶의 양식에 대한 고민이 깊어가는 이때, 공동의 가치를 공유하며 경쟁보다는 화합과 조화를 이루어가는 시스템인 '협동조합'에 대한 관심이 커지는 것은 어쩌면 당연한 일이다. 지금까지 적자생존을 통해 수익을 내는 것을 목적으로 해왔다면 새로운 경제체제에서는 구성원 모두가 행복한 세상을 추구한다. 비로소 '개인'에게 관심을 두게 되면서, 행복한 경제를 꿈꿀 수 있게 된 것이다. 신협이 협동조합을 통해 꿈꾸는 세상도 이런 모습이다.

신협의 이념인 더불어 살아가며 행복한 경제를 추구하는 것이 새로운 경제체제의 대안이 될 수 있다. 막대한 부를 창출하는 세계적 기업이 아니라, 지역의 경제가 살아나고 지역의 금융이 커지고 결과적으로 지역의 주민들이 함께 부자가 되는 것, 지속 가능한 경제 생태계를 구축하는 것이 바로 '신협'이 추구하는 가치다.

느리지만 모두 함께 가는 길, 조합마다 지역경제에 이바지하고 주민들과 함께 더불어 사는 삶을 추구하는 것이야말로 새롭게 구축되어야 할 경제체제다. 신협은 성장과 발전이라는 이름이 가져온 위기와 붕괴를 넘어 새로운 미래를 열고 있다. 사람이 중심이 되는 세상을 염원하며 세상에 태어난 신협, 신협이 꿈꾸는 사람이 중심이 되는 내일이 바로 오늘 우리 곁에 도래했다. '공동의 행복'을 만들기 위한 신협의 노력은 오늘도 계속된다.

독일 라이파이젠신협의 성공으로
북미에도
신협의 온풍이 불다

1844년, 28명의 직공이 로치데일협동조합을 설립하기 전에 먼저 협동조합 운동을 시작한 사람이 있었다. 로버트 오언Robert Owen이다. 그는 로치데일의 28명의 직공보다 앞서 협동조합을 설립했지만 이내 실패했다. 오언은 모든 물품을 시장 가격보다 낮게 판매했고 그 결과 조합은 파산했다. 경제체제가 아니라 사회를 바꾸겠다고 생각한 오언은 이상주의를 실천하려고 협동조합을 운영했다. 이런 식으로 운영하게 되면 조합은 지속 가능한 발전을 이룰 수 없다.

한편, 시장 가격으로 판매한 로치데일협동조합은 경제적 지속가능성과 사회적 존재가치를 조화시키는 데 성공했다. 1844년 소비자협동조합으로 설립된 로치데일협동조합은 프랑스의 지드(Gidle), 독일의 후버(Huber), 이탈리아의 마찌니(Mazzini) 등 유럽 각국의 협동조합이 성공하는 데 좋은 모델이 되었다.

협동조합은 나라별로 자국의 실정에 맞춰 각기 다른 형태로 발전했다. 프랑스는 생산협동조합으로 발전했고, 독일은 자금을 빌려주는 신용협동조합으로 성장했다. 또 독일의 신협은 이후 최초의 협동조합연합회로 발전했다.

독일은 유난히 산업화가 더디게 진행되었다. 19세기 말, 프리드리히 빌헬름 라이파이젠F. W. Raiffeisen이 라인강 중류의 농촌 마을인 바이어부쉬에 시장으로 부임했을 때도 독일에는 아직 산업화의 바람이 불지 않았다. 처음 농촌에 부임한 라이파이젠 시장은 농민들의 삶을 가까이 접하고 마음이 아팠다.

그가 부임하던 때는 1847년 대기근이 유럽 일대를 강타한 직후였고, 농민들의 생활은 점점 더 어려워졌다. 가뜩이나 살기가 어려운데, 돈 있는 사람들은 이때를 놓치지 않고 농민들의 피를 빨아먹고 있었다. 농민들에게 사채를 빌려주고 높은 고리의 이득을 얻고 있었던 것이다. 소읍의 영세 상인들과 농촌 소작농들의 피해는 목숨과 맞바꿀 정도로 심각했다.

라이파이젠 시장은 늘 열심히 일하면서도 가난의 사슬을 끊지 못하는 농부들이 눈에 밟혔다. 농부들이 가난해지는 이유는 고금리의 사채 때문이었다. 돈이 없는 농부들은 어쩔 수 없이 농사를 위한 자금을 빌렸다. 빌려줄 사람이 사채업자밖에 없으니 울며 겨자 먹기로 사채를 쓸 수밖에 없었다. 봄여름 내내 농사를 짓느라 허리 한 번 펴지 못했던 농부들은 가을에 농산물을 수확한 뒤 원금과 이자를 갚느라 농산물 대부분을 사채업자에게 넘겼다. 그리고 또다시 봄이 되면 돈이 없어 다시 고리채를 빌리는 일이 반복되었다. 고단하고 비참한 삶이었다.

그들의 삶을 지켜본 라이파이젠 시장은 가난에 허덕이는 농민들을 구제하려는 방법을 고민했다. 그는 먼저 자신의 인맥을 통해 마을 기금을 조성했다. 그리고 농부들에게 외상으로 식량을 나눠주기도 했다. 점점 규모가 커져 1849년에는 빈농구제조합을 설립해 농민들이 가축을 사들일 수 있도록 했다. 구제조합의 조합원은 농민들로 이루어졌는데 60명의 조합원이 무한 연대책임으로 돈을 빌려서 가축을 사고, 5년 동안 나누어 갚는 제도였다.

구호 활동을 벌이던 라이파이젠은 농민들이 스스로 자본을 모아 자금을 조성하고 이 자금을 공동으로 운용하여, 낮은 이자로 서로에게 대출하는 제도를 구상했다. 바로 금융협동조합인 셈이다.

그는 1862년 농민들을 중심으로 협동조합을 설립했고, 그 이름을 라이파이젠신협이라 했다. 농민이 중심이었던 라이파이젠신협은 상인 중심의 시민 은행과 합병하며 명실상부한 독일의 대표적인 금융협동조합으로 자리 잡게 되었다.

라이파이젠의 성공은 독일을 넘어 유럽 전역의 농촌 지역으로 퍼졌다. 고리대금에 시달리던 유럽의 다른 농민들에게도 신협에 대한 희망을 품게 했다. 비영리단체인 라이파이젠신협은 예금자 보호를 이중 제도로 운영하며 매우 안전한 금융기관으로 인정받고 있다. 또한 세계 금융위기와 유럽의 재정위기에도 끄덕하지 않고 견고하게 버티고 있다.

설립 이후 지금까지도 폭발적인 성장세를 이어오는 라이파이젠신협은 조합원 자산의 안전을 최대 목표로 예금 전액을 보장하고 있다. 그리고 서민들의 아픈 마음과 함께 눈물 흘렸던 라이파이젠을 가난한 이들에게 한줄기 희망의 빛을 전한 정신으로 기념하며, 지금도 유럽 금융협동조합의 아버지로 그 이름이 전해지고 있다.

독일에 '협동조합의 아버지 라이파이젠'이 있다면, 캐나다에는 '캐나다 신협의 선구자 데잘딩과 북미 신협 운동의 메카 안티고니쉬'가 있다.

캐나다에서는 제1, 2금융권 대신 은행(Banks), 신협(Credit Unions), 신탁(Trust Company) 등으로 구분하는데, 금융기관별 신뢰도나 경쟁 규모가 서로 비슷하다. 금융기관의 기능이나 제공하는 상품도 다르지 않다. 그 때문인지 캐나다 연방정부에서 실시한 여론 조사에 따르면 금융서비스의 만족도는 오히려 은행보다 신협이 더 높은 편이다. 현재 캐나다는 국민의 3분의 1 이상이 신협 조합원으로 신협이 가장 발달한 나라 중 하나로 손꼽힌다. 그리고 다양한 계층의 사람들이 신협 조합원으로 활동 중이다.

캐나다 동부의 아틀랜틱 해안 지역에 사는 주민들은 농민과 어민의 비율이 반반 정도였다. 1920년대, 해안가 마을 주민들의 삶은 곤궁하고 피폐했다. 세계 경제는 대공황으로 황폐해졌고, 공황이 끝났지만 캐나다 사람들의 삶은 10년이 지나도록 나아질 기미가 없었다. 캐나다의 안티고니쉬 지역 주민들의 삶도 나락으로 떨어지고 있었다.

이렇게 어려운 주민들을 지켜보던 이들이 있었다. 톰킨스J.J. Tomkins 와 코디M.M. Coady 박사였다. 가난한 이들을 구제할 방법을 연구하던 두 사람은 지역경제 시스템의 부실화가 큰 문제라고 생각했다. 경제체제가 망가지면 사람들은 더 가난해질 수밖에 없다. 가난에 가속화가 붙기 때문이다.

연구를 마친 톰킨스와 코디 박사는 가난한 이들을 구제할 구체적인 방안을 찾아냈다. 지역의 농어민들에게 협동조합의 중요성을 가르치기 시작한 것이다. 이는 훗날 사회를 변화시키는 적극적인 운동으로 자리 잡게 되며, '안티고니쉬 운동'이라 이름하게 된다. 톰킨스와 코디 박사의 협동조합 교육 프로그램은 후에 안티고니쉬 운동의 성공을 이끄는 핵심 요인이 되었다.

대공황의 여파로 인한 심각한 불황이 도시 곳곳을 강타하던 때였다. 불황이 길어지자 주민들은 일거리를 찾아, 먹을거리를 찾아 다른 곳으로 떠나 삼삼오오 떠돌던 때였다. 이런저런 이유로 안티고니쉬 지역에 남아야 했던 주민들은 생계가 막막했다. 이들은 마지막 지푸라기를 잡는 심정으로 협동조합 운동에 매달렸다. 그리고 가난한 주민들을 구제하기 위한 지역 종교단체의 적극적인 후원과 참여가 이어졌다. 그 결과, 안티고니쉬의 협동조합 운동은 큰 성공을 거두었다.

안티고니쉬,
협동조합을 하려면
이들처럼 하라

캐나다 노바스코샤주의 작은 마을 안티고니쉬 지역의 프랜시스 세이
비어 대학에서 협동조합과 지역개발 프로그램 활용법을 가르치기 시
작한 톰킨스와 코디 박사. 이들은 지역의 농어민들에게 협동조합의 중
요성을 가르치는 것부터 시작했다. 그 결과 1928년 이후 세이비어 대
학에는 협동조합 프로그램이 정식으로 개설됐고, 세계 각국에서 협동
조합 운동의 모델을 배우려는 이들이 모여들었다.

이곳에서 시작된 교육은 협동조합 활동가가 되려면 반드시 거쳐야
하는 과정이 되었고, 이것이 북미 협동조합 운동의 원동력이 되었다.
이후, 안티고니쉬는 북미 협동조합 운동의 메카로 부상했다.

1950년대까지 세계 협동조합의 성공모델은 안티고니쉬였고 협동조
합 운동을 배우려는 이들의 발걸음은 세계 각지에서 안티고니쉬로 이
어졌다. 1950년대, 우리나라에서도 신용협동조합을 공부하기 위해 안

티고니쉬로 떠나는 이들이 있었다. 안티고니쉬 지역의 자립운동이 확산되며 신협 운동은 '안티고니쉬 운동'으로 불리게 되었다.

1920년대 캐나다에서 가장 가난했던 도시 안티고니쉬와 인근의 노바스코샤 지역은 현재 캐나다의 가장 부유한 지역으로 손꼽힌다. 안티고니쉬가 신협 운동의 메카라고 한다면, 퀘벡주는 북미 신협 운동의 발상지가 된다. 퀘벡주에는 데잘딩신협이 자리 잡고 있다.

데잘딩신협은 북미 신협 운동의 아버지로 불리는 알폰소 데잘딩 Alphonese Desjardins이 설립했다. 1900년 퀘벡주 레비스 가톨릭 성당에서 처음 문을 연 데잘딩신협은 지금은 캐나다 최초의 신협이자 안전한 신용협동조합으로 명성을 이어가고 있다.

퀘벡주에서 신협 운동을 일으킨 주인공인 알폰소 데잘딩은 퀘벡주 의회의 서기이자 잡지사 기자였다. 기사를 작성하기 위해 국회에 출입하고 있었던 그는 가난한 국민의 고리채 문제에 관심을 두게 되었다. 자신이 알고 있던 내용을 기사로 작성하기 위해 취재를 하던 그는 고리채 타파, 즉 가난에서 벗어나려는 방법을 찾게 되었고 대안은 바로 신용협동조합이었다.

데잘딩은 신협의 든든하고 바른 모델을 만들기 위하여 몇 년 동안 연구를 거듭했다. 마침내 방법을 찾아낸 그는 고향인 레비스로 돌아갔다. 그곳에서 자신과 가장 친한 친구들을 초대하여 자신의 비전을 설명했다. 훗날 이 모임은 '신협 설명회'로 명명하게 된다. 설명회가 열린 1900년 12월 1일, 이 자리에 모인 80명은 모두 데잘딩의 의견에

동의했다. 이 자리에서 데잘딩은 '레비스 데잘딩신협(Caisse Desjardins de Lévis)'을 조직했다. 이 모델을 바탕으로 캐나다 전역에 신협 운동을 전파하기 시작했다.

데잘딩신협그룹은 지금도 여전히 경쟁력이 있는 금융기관이다. 치열한 경쟁으로 영업이윤이 감소하는 바람에 위기가 닥친 적도 있었지만, 그럴 때마다 협동 경제로 고비를 이겨냈다. 어려울 때일수록 조합원의 이익을 우선으로 하는 인프라를 구축하고, 조합의 경상비용을 줄이며 조합원 대상의 서비스를 강화했다.

데잘딩신협은 조합원을 위한 금융기관에 그치지 않고 지역 활성화를 위한 개발은행의 역할까지 담당한다. 또한 농촌 지역에서 철수한 상업은행의 지점을 인수하여 농촌 지역 내 기반을 다졌다. 신협 내에 지역투자기금을 따로 조성하여 지역사회와 기업을 적극적으로 지원하는 것도 데잘딩신협의 주요 사업이다. 이들은 2005년도에 기부금, 장학금, 상호부조 등에 총이익금의 43%를 사용하기도 했는데, 이런 식의 지역 환원은 지역의 협동조합과 비영리조직의 발전에도 크게 이바지하고 있다.

퀘벡주에서 신협이 성공한 비결은 지역 공동체에 초점을 맞추며, 신협의 윤리적 정체성을 지켜나간 데 있다. 그들은 지역투자기금을 조성해 지방 기업을 지원하며 퀘벡에서 소유해야 한다고 생각하는 기업에 투자하기 위해 자회사를 설립했다. 공기업의 사기업화를 추진하고 있는 우리 경제와 달리 지역의 기업은 그 지역이 통제 가능한 자본으로 투자하고 키운다는 공동체 의식에서 출발한 것이다.

　캐나다 신협의 가장 큰 특징은 담보가 거의 없는 저소득자에게 신용을 바탕으로 하는 소액 신용대출 정신에 기반을 두고 있다는 것이다. 이를 위해서는 대출 심사, 사후 관리 및 미상환 문제 등을 먼저 해결해야 한다. 하지만 조합원이 서로에 대해 잘 알 수 있는 소규모 조합으로 구성함으로써 대출자의 심사, 사후 관리 등의 위험을 크게 줄이고 있다. 또한 대부분 은행이 꺼리는 소규모 기업이나 일반 가계에 대한 대출 등도 크게 개선했다. 캐나다의 신협이 이런 무담보 저신용자 포용이라는 위험을 안으면서도 성장할 수 있는 이유는 고객이 신협의 소유자이기 때문이다. 그들은 정보를 쉽게 공유하고, 지속적인 거래와 신뢰를 형성함으로써 지역사회 주민과 소규모 기업들이 맞춤형 금융 서비스를 받을 수 있도록 돕는다.

　캐나다에서 신협은 수익금을 다시 지역사회에 환원하여 지역경제를 활성화하고, 낙후된 지역사회를 개선하는 역할을 한다. 이윤은 다시 조합원과 신협으로 돌아오는 선순환 구조로 이루어진다. 신협에서는 조합원 배당 외의 잉여금 일부를 사회적, 혹은 지역 공동체의 기금으로 사용한다. 이런 노력 덕분에 퀘벡주에는 소비자협동조합과 주택협동조합, 노동자협동조합뿐만 아니라 최근에는 협동조합 연대로 발전하기도 했다.

알폰소 데잘딩,
북미에 이어 미국에도 신협을 탄생시키다

1909년 미국의 뉴햄프셔에 특별한 단체가 하나 설립되었다. 캐나다에서 데잘딩신협으로 성공을 이룬 알폰소 데잘딩이 미국에 신용협동조합을 소개하여, 성메리신협이 탄생한 것이다. 이것이 바로 미국 최초의 신협이다.

그 후 에드워드 화이린, 로이 버진그렌 등이 신협에 관심을 두게 되며 미국 전역에 신협이 퍼졌다. 미국 내의 신협 운동이 확산하는데 기름을 부은 것은 맨체스터주에서 제정된 신협 법이었다. 맨체스터의 신협 법은 이후 연방신협법 제정의 초석이 되었다.

미국 경제가 점점 발전하며 신협 운동은 미국 전역으로 확산했다. 1920년 버진그렌 변호사에 의해 신협협의회가 만들어졌고, 1930년에는 32개 주에서 신협 법이 제정되었다. 1934년 루스벨트 대통령의 연방신협법 제정에 힘입어 전국 신협협의회, 주 협의회, 연방 신협 감독원이 설립되며, 조직적인 기반을 마련한 신협은 많은 변화와 성장을 거듭했다.

2015년 12월 기준, 미국의 전역에 6,100개의 신협이 설립되었으며, 국민의 40% 이상이 조합원으로 등록되었다. 미국은 명실공히 세계 1위의 신협국으로 자리매김했다. 미국 신협의 조합원은 약 1억 3백만 명에 달한다.

세계 경제의 중심이라고 하는 미국에서도 금융기관은 경쟁과 생존이 치열한 분야로 꼽힌다. 미국처럼 금융기관의 경쟁이 극심한 곳에서 비영리단체인 신협이 성장하고 발전했다는 것은 금융권에 시사하는 바가 크다.

1909년 설립되어 100년이 넘는 역사를 자랑하는 미국 신협. 금융권의 치열한 경쟁 속에서 독자적인 생명력을 유지하는 금융기관으로 대다수 경제인은 신협을 꼽는 것을 주저하지 않는다. 그만큼 신협이 자신만의 독특한 가치를 인정받았음을 증명하는 것이고, 미국인들에게 존경받는 금융기관이란 뜻이다.

라보뱅크, 협동조합을 넘어
세계에서 가장
안전한 은행이 되다

네덜란드의 대표적인 금융협동조합은 라보뱅크다. 자산규모 7,710억 유로의 네덜란드 최대 은행그룹인 라보뱅크는 '세계에서 가장 안전한 은행'의 하나로 꼽힌다. 세계적인 신용평가기관인 S&P는 유럽의 상업은행 두 곳에 최고 등급을 부여했는데, 그중 하나가 네덜란드의 라보뱅크다. 네덜란드 국민의 절반을 조합원으로 둔 라보뱅크는 현재, 자산규모 세계 25위에 달한다.

네덜란드의 라보뱅크가 세계적으로 이름을 알리게 된 것은 2008년 국제 금융위기 때문이었다. 불안한 마음에 은행에서 돈을 찾아간 사람들이 안전하기로 소문난 라보뱅크에 예금하며 오히려 예금자산이 20%나 늘었다. 이처럼 세계인들은 라보뱅크를 안전한 은행으로 인식하고 있다. 신용평가기관들은 라보뱅크가 금융위기에 강했던 이유는 독특한 협동조합 경영방식 때문이라고 분석했다.

라보뱅크는 네덜란드 국민의 절반을 조합원으로 두었으며 세계인들에게 안전한 은행이라는 인식을 심어주었다.

라보뱅크는 1896년 네덜란드의 농민들이 자발적으로 시작한 금융 협동조합이다. 당시 네덜란드 농민들의 문제도 고리채였다. 고리채에 시달리다 스스로 목숨을 끊는 농민들이 수도 없이 이어지던 때, 네덜란드 농민들은 독일의 라이파이젠을 주목했다. 반신반의했던 라이파이젠이 성공을 거두자, 네덜란드의 농민들도 서로 손을 잡았다. 이들의 가슴에는 '힘을 모아 가난을 극복하자.'라는 문구가 새겨졌다.

라보뱅크는 라이파이젠신협의 운영원칙을 따른다. 라보뱅크는 '무출자, 무배당, 내부 적립' 원칙을 바탕으로 운영했기 때문에 조합원들에게 이익 배분을 하지 않아도 됐고, 그 덕분에 100년이 넘는 시간 동안 남은 이익금을 고스란히 적립할 수 있었다(※ 현재는 출자 제도가 부분적으로 생겼다.).

라보뱅크의 자기자본금 400억 유로 중 300억 유로는 이제는 고인이 된 초기 조합원들로부터 쌓아놓은 유산인 셈이다. 라보뱅크의 관계자들은 외부 자본 조달 없이도 라보뱅크가 성장할 수 있었던 비결이 바로 세상을 떠난 조합원들이 남겨준 적립금 덕분이라고 분석한다. 라보뱅크는 초기 설립 시 정한 원칙, 정해진 담당 지역에 집중해 사업을 벌이며 사업비 규모를 줄이고 잉여금 일부를 지역사회 서비스에 할당한다는 것을 지금까지도 지키고 있다. 라보뱅크는 '어떻게 하면 조합원의 삶이 더 풍성해질 수 있을까?'를 고민한다.

물론 금융위기에 돋보인 금융협동조합이 네덜란드의 라보뱅크만은 아니다. 네덜란드 말고도 대규모 협동조합이 있는 핀란드, 독일, 오스트리아, 프랑스, 이탈리아에서 마찬가지 현상이 벌어졌다. 이들 6개 나라의 금융권 내 금융협동조합 점유율은 40%에 이르지만, 금융위기에는 손실 비중이 오히려 전체의 8%에 그쳤다.

> "금융협동조합들은 2008년 금융위기나 1930년대 공황 같은 위기 상황이 닥쳤을 때 더욱 빛을 발합니다. 신협은 서브프라임 모기지에 투자해 단기 이익을 얻는 것이 아니라, 서민과 중소기업 같은 조합원들에게 안정적인 자금을 공급하는 일에 충실하므로 더욱 안정적입니다."
>
> – 마리아 엘레나 차베스(국제노동기구(ILO)협동조합 국장)

현재 세계적으로 협동조합에 가입된 조합원은 약 10억 명에 이른다. 인도에 2억 4천만 명, 중국에만 1억 8천만 명의 조합원이 있으며, 인구의 60% 정도가 조합원인 스위스와 전체 인구의 33%가 생협 조합원인 일본도 협동조합 강국이다.

양극화 시대에 정의로운 경제를 설계하고자 하는 이들에게 희망이
된 협동조합은 빈익빈 부익부를 해소할 사회적 대안으로 떠올랐다. 협
동조합은 투자금을 낸 출자자, 물건을 사거나 파는 이용자, 이윤을 얻
는 사람 모두가 조합원이다. 결국 조합원이 이익을 얻으면 협동조합도
성장하고 발전하게 되는 것이다.

21세기는 지금까지의 자본주의와는 다른 시스템이 필요한 시대다.
자본주의적인 이윤추구가 아니라 '지속 가능한 경제 생태계를 설립'해
야 한다는 것이다. 서유럽의 일부 학자들은 이를 '진화적 재구성'이라
고 정의하며, 협력과 공존의 가치에 기반을 둔 협동조합의 확장을 요
구하고 있다.

다 함께 행복한 경제구조를 구축하는 것이야말로 협동조합이 바라
는 이상적인 모습이다. 생산자와 소비자, 양쪽 모두에게 이익이 되는
경제야말로 공존의 경제다. 생산과 소비, 협동의 시스템을 복원하는
경제구조야말로 협동조합이 지향하는 미래사회다.

오바마 전 대통령도
신협의
조합원이다

미국의 대통령은 미국 신용협동조합의 조합원이다. 백악관의 신협은 1935년 백악관에 설립되었는데 현재는 미국 상공부신협에 합병되었다. 첫 설립 이후 80여 년의 세월이 흐른 현재, 백악관 신협은 조합원의 수가 6,500명을 넘어섰고 자산규모는 670억 원으로 크게 성장했다.

　백악관 신협의 조합원은 누구일까? 전·현직 미국 대통령과 그의 가족은 물론 백악관에 근무하는 직원과 퇴직직원, 그들의 가족까지 모두 조합원이 된다. 백악관 신협에서도 일반적인 신협에서 하는 일과 같은 업무를 진행한다. 급여 이체 통장을 개설해 신협 통장을 통해 급여 이체를 하고, 온라인 금융과 신용카드, 주택담보대출 등의 각종 담보대출과 ATM 서비스까지 있어 일반적인 금융기관처럼 이용하고 있다. 퇴직직원들을 위한 금융컨설팅과 조합원을 위한 각종 세미나 등 다양한 서비스를 제공하며, 미국 대통령을 비롯한 백악관 관계자들의 경제활동에 이바지하고 있다.

　한편 나사NASA의 우주인도 '신협 조합원'이다. 나사신협(NASA Federal Credit Union)은 나사에 근무하는 직원들은 물론 퇴직직원, 우주 공간에서 업무를 수행 중인 우주인까지 모두 조합원이 된다. 1949년 설립된 뒤, 70년의 역사를 간직한 나사신협은 현재 조합원 수만 6만 5천여 명, 자산규모 7,670억 원이 넘는 큰 규모의 조합으로 성장했다. '조합원들이 더 밝은 재정적 미래를 성취할 수 있도록 돕는 것'을 목적으로 설립되었으며 우주인들의 재정 활동에 도움을 주고 있다.

　미국에는 신협이 없는 곳이 없다. 중앙정보부나 유엔에도 신협이 있다. 유엔 사무총장도 신협의 조합원이다. 세계 금융의 중심인 월스트리트가 있는 뉴욕시에서의 신협의 존재는 더욱 두드러진다. 미국 유력 언론지인 뉴욕타임스와 NBC, 세계 최대의 통신사인 국제연합통신 AP, 미국 방송협회, 뉴욕 예술가협회, 뉴욕시 법원, 뉴욕 배우협회, 뉴욕 지하철 연합, 뉴욕대학교 등 거의 모든 공공기관과 단체에 신협이 자리하고 있다.

　미국에서 신협의 위상은 특히 공항 출입국을 할 때 여실히 드러난다. 신협에서 일한다고 하면 공항직원들이 모두 웃음으로 맞아줄 정도로 신협에 대해 우호적이다.

2부

한국 신협은 누구를 위해
탄생했을까

전쟁이 끝난 후
사채로 고통받는
서민을 구하다

1953년, 한반도를 전장의 포화로 물들였던 6.25 전쟁이 끝났다. 총포를 쏘아대던 전쟁은 끝이 났지만, 우리 민족의 일상은 여전히 전장 한가운데 있었다. 질병, 그리고 가난과의 전쟁에서 매일을 견뎌야 했던 우리 민족의 삶은 참으로 신산하고 고달팠다. 전장의 포화 속에서 간신히 살아남은 이들은 목숨을 연명하는 것을 다행으로 여기며 하루 벌어 하루를 살았다. 사람들은 그 시절을 불신의 시대로 기억한다.

아주머니는 갖가지 말로 어머니를 달래다가 풀어진 고름을 여미며 (아주머니는 적삼에도 반드시 고름을 달았다) "우리 어디 사는 대로 살아봅시다. 그리고 나도 생각하고 있었어요. 형님 돈만큼은 돌려 드리려고, 원금만이라도요."

어머니의 얼굴이 좀 밝아진다. 진영은 잠자코 양말을 신고 있었다.

세 사람은 거리로 나왔다. 아침이라 가로수가 서늘했다.

-박경리, 《불신시대》중 (1957년)

1950년대 전후의 한반도는 되는대로 살아가는 사람들이 대부분이 었다. 사채업자는 희망 없는 이들을 더욱 어둠으로 몰아넣는 주범이었 다. 박경리의 소설 《불신시대》에도 사채업자에게 고통받는 이들의 고 단한 삶이 등장한다. '갈월동 아주머니'는 교인들의 돈을 끌어들여 사 채를 놓아 자기 배를 불리는 사람이었다.

당시만 해도 사채는 일반적인 금융거래의 하나였다. 서민들 사이에 서 개인이 돈을 빌려주고 이자를 주고받는다는 뜻을 가진 사채는 많은 이들을 더욱 곤궁하게 만들었다. 너 나 할 것 없이 모두 힘들고 어려웠 던 암흑시대였다.

1958년에 농가 고리채 조사 결과에 따르면, 전국의 농가 부채 규모 는 885억 환*에 이르며, 이는 전체 농업생산액의 약 6분의 1에 해당하 는 액수였다. 농가 한 가구당 평균 고리채는 4만 환이었다.

가난에서 벗어날 방법이 절실한 시대였다. 그리고 사람들에게 필요 한 것은 '고기를 잡는 법'이었다. 그것이 바로 협동조합이었으며, 어렵 고 힘들었던 바로 그때 신협과 만나게 된다. 전쟁으로 파괴된 국가를

---

* 1환은 1962년 6월 10일에 원으로 바뀌었고 10환이 1원(10:1 교환비율)으로 교환되었다. 1962년 당시 물가 가 지금의 약 1/50 수준이었는데, 지금의 가치로 환산해 본다면 1환의 현재가치는 5원 정도 된다고 할 수 있다(한국은행).

다시 일으켜 세우고 가난에 찌든 집안을 살리기 위해 사람들이 신협 운동을 시작한 것이다.

신협에서 빌려주는 대출금의 금리는 연 1.5~3%, 60% 이상의 고리 채로 허덕이던 이들에게는 희망으로 가는 길이었다. 담보도 따로 없었 다. 담보는 대출자의 '정직성과 좋은 인격'이었다. 그래도 한 가지 약 속은 있었다. 대출금은 반드시 지정한 용도로만 쓸 것이었다. 혹시 다 른 사람에게 높은 이자로 빌려주는 사채에 흘러갈까 염려해서였다. 다 른 사람에게 높은 이자로 다시 빌려주는 행위는 엄격하게 금지되었다.

신협의 대출금은 대부분 고리채를 정리하거나, 집을 짓거나 수리하 는 일, 자녀들의 학자금, 전세금 마련 등에 사용하도록 했다. 이렇게 엄 격한 관리를 하며 신협은 고리채 정리에 혁혁한 공을 세웠다. 2000년 대까지도 신협은 고리채 타파를 위해 부단히 노력했다.

어두운 시대에도 희망의 씨앗을 뿌리는 이들이 있어, 아무리 힘든 시기에도 희망은 절대 잠들지 않는다. 척박한 땅에서 내일을 기약하며 땅을 일구어낸 개척자들이 우리에게도 있었다. 참담한 시절에 희망의 빛을 선물할 선구자들이 우리의 운명을 바꾸어 놓았다.

한국 신협의 첫걸음은 매우 미약했다. 1960년대 초만 해도 한국의 정치, 경제상황은 매우 열악했다. 36년 동안 일본의 지배를 받았던 식 민지국에서 막 해방되었지만 곧이어 발발한 6.25 전쟁으로 온 나라가 고통에 시달려야 했다. 한반도는 38선으로 허리를 잘리며 분단국가가 되었고 전쟁의 상처는 이 땅 전역을 깊이 할퀴었다. 가족과 재산을 잃은 이들이 전국에 넘쳐나는 시절이었다.

'지겹게 가난했고 눈물 나게 배고팠던 시절'이라 말하는 6.25 전쟁 직후, 서민들은 보릿고개를 넘어가며 힘든 일상을 살고 있었다. 풀뿌리를 캐 먹고 풀죽을 쑤어 먹으며 주린 배를 쥐었지만, 농사는 지어야 했다. 하지만 농사를 짓기 위한 종자나 돈이 없었다. 농사를 짓기 위해 농가마다 울며 겨자 먹기로 고리채를 얻어 썼다. 사채이자는 6할, 즉 60%의 이자를 물어야 했다.

농가 부채가 농업생산액의 1/6에 달하는 정도니 죽지 못해 산다는 말이 과장이 아닌 상황이었다. 실업률도 치솟았다. 1960년에 우리나라의 실업률은 자그마치 34.2%, 실업자가 240만 명이 넘었다. 도시나 농촌에서도 돈이 없는 사람은 굶어 죽을 지경이고 있는 사람들은 제 배를 불리는 일에만 몰두했다. 돈 있는 사람들은 사채놀이를 했다. 사채를 쓰느라 가난한 사람들은 더 가난해지고 사채를 놓는 부자들은 더 부자가 됐다.

전쟁이 한반도를 할퀴고 난 뒤, 해외 구호단체들과 선교사들이 전후 복구사업을 하기 위해 한국에 들어왔다. 해외 구호단체에서 가난한 이들을 위하여 할 수 있는 최선의 일은 '구호와 구제'였다. 열악한 상황 속에서 우리 국민은 구호물자에 의존하며 하루하루를 지탱하고 있었다. 일해서 스스로 먹고살아야 한다는 자립정신은 사라진 지 오래였다.

희망을 꿈꿀 생각조차 하지 못했던 우리 민족에게 '오늘 한끼의 밥'

이 아니라 '내일을 살아갈 희망'을 일깨운 이방인들이 있었다. '자조', '자립', '협동'으로 희망의 내일을 만들어가자고 우리 민족을 격려한 메리 가브리엘라 수녀가 있었다. 그들은 근검, 절약, 저축을 통해 한국의 미래를 변화할 수 있는 희망의 메신저가 되었다.

한국 신협,
씨를 뿌리고
뿌리를 내리다

전쟁이 끝났지만 여전히 가난하고 헐벗은 사람들이 늘어났고, 이때 사채는 어쩔 수 없는 선택이었다. 그리고 사채는 결국 더 지독한 사채로 연결되었다. 이런 상황에서 악의 고리를 끊을 수 있을까 고민한 두 사람이 있었다.

메리 가별, 한국 신협의 별을 쏘다

한국 신협의 어머니 메리 가브리엘라Sr. Mary Gabriella Mulherin 수녀가 그중 하나다. 그 시절 한국인들은 그녀를 '메리 가별'이라 불렀다. 서양 이름이 어색한 이들은 그마저도 어려워 그저 가별 수녀라 불렀다. 키가 껑충하게 크고 사파이어처럼 푸른 눈을 가진 메리 가브리엘라 수녀는 푸근하고 온화한 미소로 힘든 삶을 살아야 했던 우리 민족을 위로했다.

1900년, 미국에서 태어난 그녀는 미국 메리놀회의 수녀가 되어 한국 땅을 밟았다. 1926년, 선교를 위해 찾아온 한반도는 일제 치하였고 산업화와 근대화는 꿈에도 생각할 수 없었던 굶주린 땅이었다. 평양교구에 소속된 메리 가브리엘라는 20여 년을 평양에 머물렀다. 당시 그녀는 한민족의 미래를 위해 교육에 주력했다.

메리 가브리엘라 수녀가 교육과 사회복지사업을 하며 한국에 변화의 싹을 틔우려 할 무렵, 6.25 전쟁이 발발했다. 전쟁 통에 하와이로 잠시 피난을 떠났던 그녀는 포화 속에 남은 이들이 마음에 걸렸다. 하지만 전쟁 국가로 가는 일은 쉽지 않았다. 겨우겨우 길을 내어 2년 만에 다시 한국으로 돌아왔지만 이번에는 부산으로 돌아올 수밖에 없었다.

아직 전쟁 중이던 1952년에 메리 가브리엘라 수녀는 부산의 메리놀 병원으로 부임했다. 그녀는 지금 한국에 필요한 것은 선교나 교육 활동이 아니라 구호사업이라 생각했다. 특히 마음을 쓴 사람들은 전쟁미망인과 고아였다. 이들을 위한 복지사업을 멈출 수가 없었다. 당시의 심경을 이렇게 회상했다.

"수백만 명이 월남하여 자유를 찾았으나 가족들은 흩어지고 재산은 사라졌다. 누구를 믿어야 할지 모르는 공포가 사회 구석구석을 뒤덮었다.

......

상상할 수 없는 가난 속에서 질병과 공포가 피난민들을 덮쳤고 시민을 괴롭혔다. 항구와 시장 지역의 한가운데 자리를 잡은 메리놀 수녀회의 문 앞에는 2천여 명의 난민들이 무리를 지어 있었다. 수녀회는 의료와 급식으로 구제사업을 펴고 있었다.

......

구제사업은 기간이 길어지고 아낌없이 주어지면 전쟁처럼 파괴적인 것이 된다. 그들에게는 단순한 구제를 넘어서는 그 이상의 무엇이 필요했다. 공동 노력을 통하여 더욱 생산적일 수 있는 방법이 연구되어야 했다. 이럴 때 협동조합이라는 단어가 사람들의 입에 자주 오르내렸다."

-메리 가브리엘라 수녀의 수기 《Our Story of Voluntary Cooperatives in Korea》 중

'협동조합 운동에 투신할 무렵의 한국 상황'

오래도록 복지사업을 해온 메리 가브리엘라 수녀에게는 늘 마음에 새겨 둔 말이 있었다. '고기를 줄 것이 아니라, 고기를 잡는 방법을 알려준다.' 가난한 사람들이 스스로 가난에서 벗어나게 하려면 어떻게 해야 하는가, 그녀의 고민은 늘 한 곳으로 향했다. 그러던 중 캐나다 안티고니쉬 주민들이 자립에 성공했다는 소식을 듣게 되었다.

그들이 어떻게 가난에서 벗어났는지 그 방법만 알 수 있다면, 방법을 한국에 적용할 수 있다면 한국인들도 가난의 굴레에서 벗어날 수 있으리라. 그녀는 주저하지 않고 안티고니쉬로 떠났다. 마침 안티고니쉬의 세이비어 대학에서 성공 사례를 교육하는 과정이 개설되었다. 그

| 1960년 5월 1일, 한국에 처음으로 탄생한 성가신협. 사진은 성가신협을 탄생시킨 주인공들인 부산 메리놀 수녀회에 수도자들과 직원들, 그리고 초창기 신협 지도자들이다.

녀는 환갑을 앞두고 있었지만, 나이는 장애가 되지 않았다. 어느 것도 메리 가브리엘라 수녀의 한국 사랑을 막을 수 없었다.

세이비어 대학의 교육은 두 달 남짓 이어졌다. 과정을 마칠 무렵, 메리 가브리엘라 수녀는 마음이 부풀었다. 한국으로 돌아가 배운 내용을 적용해 보고 싶었다. 태평양을 건너 다시 돌아온 메리 가브리엘라 수녀가 제일 먼저 시작한 일은 부산 메리놀수녀회에서 협동조합 워크숍을 개최한 것이었다. 1959년 2월, 아직 추운 어느 겨울날이었다.

한국에서의 협동조합 방법과 실천이라는 주제로 열린 협동조합 운동은 운크라(UNKRA, 국제연합 한국재건단) 고문 3명과 주한 봉사 단체협의회 (KAVA) 회원 등 18명이 참가했다. 대한민국에서 처음으로 신용협동조합 운동이란 개념이 대중에게 전파된 역사적인 순간이었다. 그 이후에도 배운 것을 적용해 보려는 메리 가브리엘라 수녀의 행보는 계속되었다.

메리놀수녀회 병원의 직원들과 가톨릭 구제사업, 전국 가톨릭 복지회 직원들, 부산의 성 베네딕도 병원 직원들을 모았다. 이들에게 신협 운동의 취지를 알리고 함께 일할 운동가를 찾는다고 공고했다. 그런데 그 게시문을 보고 함께 일하겠다고 찾아온 이들이 있었다. 이들은 훗날 대한민국의 희망의 싹이 된다.

1960년 5월 1일, 천지 만물에 새 생명의 물이 오르기 시작할 무렵, 부산의 메리놀병원에 사람들이 삼삼오오 모여들고 있었다. 모두 27명, 이들은 신용협동조합의 설립을 위해 모였고 한국 신협 최초의 조합원이 되었다. 대한민국 최초의 신용협동조합인 '성가聖家신용협동조합'이 탄생하는 순간이었다.

협동조합이 그 나라의 환경에 맞는 조합으로 진화하고 발전한 것처럼 우리나라의 성가신협도 독특한 특징을 지닌 채 성장했다. 성가신협의 가장 큰 특징은 서로 잘 알고 신뢰 관계가 형성된 신자들을 대상으로 한다는 것이었다. 불특정 대중을 상대하는 금융기관이 아니라 '믿을 수 있는 사람들끼리 상호 부조하는 조합'의 성격이 강했다. 요즘의 은행이라기보다는 결속력이 끈끈한 공동체의 성격이 강했다. 이것은 훗날 신협의 근간이 되는 공동유대 정신으로 이어지며, 신협 공동체 내부에 신뢰와 신용이 더욱 굳건해지는 계기가 되었다.

메리 가브리엘라 수녀는 성가신협의 설립에서 멈추지 않았다. 협동조합 교도봉사회, 신협 연합회를 설립하며 한국의 신협 운동을 이끌었다. 메리 가브리엘라 수녀가 한국 신협을 설립하기 위해 얼마나 애를 썼는지 미국 신협연합회에서는 1964년 신용협동조합연합회 설립의 일등공신으로 메리 가브리엘라 수녀의 공로를 인정하여 1967년 국제 개척자 표창을 수여했다. 한국 정부에서도 1982년 한미수교 100주년을 기념하며 한국 신협 운동의 산파 역할을 한 메리 가브리엘라 수녀에게 감사패를 수여했다. 이렇게 메리 가브리엘라 수녀는 '한국 신협의 어머니'가 되었다.

부산에서 처음 설립된 성가신협을 시작으로 원주, 홍성, 제주, 서울 등에 협동조합이 하나둘 늘었다. 신협이 점점 국민의 생활 속으로 파고들며 전국에 협동조합 운동이 들불처럼 일어났다. 협동조합이 제대로 정착되어 지역 공동체의 구심점이 되자 서민들은 상상도 못 한 세상을 꿈꾸기 시작했다. 그들 앞에 펼쳐진 미래는 한 번도 꿈꾸지 못했던 신세계였다. 신협의 장점을 알면 알수록 더 공부하고 싶은 마음이 생겼다. 그래서 낮에는 고되게 일을 하고 밤이 늦도록 협동조합을 공부했다. 보다 나은 미래를 향한 꿈은 힘든 몸을 일으켜 세웠다.

서로 도우며 행복하게 살아가는 세상은 메리 가브리엘라 수녀가 신협을 세우며 꿈꾸던 미래였다. 신협은 경제적으로 고통받는 국민을 위하여, 경제적 약자를 위한 금융을 실천하기 위해 이 땅에 태어났다. 신협이 가고자 하는 길은 서민과 함께 서민의 편에 서서 서민들을 행복하게 하는 길이었다. 하지만 예나 지금이나 여전히 어렵기만 하다. 그

길을 57년이나 꾸준히 걸어올 수 있었던 것은 열정으로 신협 운동에 헌신한 이들이 있었기 때문이다. 그들이 희망의 메신저가 되었다.

한국 신협의 대부, 장대익 신부

대한민국에 사는 사람이라면 누구도 가난을 피할 수 없었던 전쟁 직후라지만 그중에서도 가장 가난한 이들은 농작할 땅마저 잃은 농민들이었다. 장대익 신부는 전쟁 직후에 전형적인 농촌 마을인 충북 음성의 장호원 성당에 부임했다. 그가 가장 먼저 바라본 것은 가난한 농민들의 삶이었다. 보는 것만으로도 마음이 무너졌다.

장호원 성당은 미국인 신부들이 많이 있어 다른 단체보다 구호물자가 충분히 지원되는 곳이었다. 성당에서는 주로 물자를 나누어주며 구호 활동을 벌였다. 그런데 지나치게 가난해서일까. 구호물자는 금세 밑 빠진 독처럼 바닥났다. 다들 그랬던 것처럼 고리채가 문제였다. 장대익 신부는 나라님도 구제하지 못한다는 가난을 구제하기 위해 온 마음을 다했다. 어떻게 하든 이들을 가난으로부터 건져내고 싶었다.

캐나다 안티고니쉬의 자립운동이 성공했다는 이야기를 들은 것은 그 무렵이었다. 그것은 단비와 같은 희망의 메시지였다. 안티고니쉬는 어떻게 가난에서 벗어날 수 있었을까? 우리도 그들처럼 가난에서 탈출할 수 있을까? 장대익 신부의 고민은 깊어졌고 그 방법을 배워 한국에 적용하고 싶은 열망이 커졌다.

고민을 거듭하던 그는 안티고니쉬의 협동조합을 배우기 위해 유학을 떠났다. 세이비어 대학에서 1년 동안 공부하고, 뉴욕의 포덤대학교에서 사회학 공부까지 마친 뒤, 그는 한국으로 돌아왔다.

　한국으로 돌아온 장대익 신부는 빨리 협동조합을 만들고 싶었다. 서울교구의 후원을 받아, 1959년 8월 소공동에 사무실을 열었다. 이곳에서 서울교구와 인천교구의 신자들을 대상으로 신협 운동을 펼쳤다. 1950년대부터 1960년대에 이르기까지 국내 산업시설이 밀집되어 있던 경인 지역의 공장들은 80% 이상이 조업중단 상태였다. 장대익 신부의 신협 운동이 필요한 곳이었다.
　그 무렵, 서울지역의 천주교 신자들은 자발적으로 '협동경제연구회'라는 단체를 결성했다. 평양교구 소속의 신도들이 월남한 뒤에 가난에서 벗어나기 위하여 자발적으로 모임을 만든 것이다. 너무나 간절하게 가난에서 벗어나고자 했던 이들이 경제자립 모임을 만들고 안티고니쉬에서 장대익 신부가 돌아오자 한국 가톨릭교회 안에 신협을 태동시키는 계기가 만들어졌다.
　장대익 신부는 안티고니쉬의 성공사례를 적용하면 우리도 금방 자립할 줄 알았다. 하지만 그의 바람과는 달리 안티고니쉬의 사례는 한국에 곧바로 적용하기 어려웠다. 신협 운동의 태동이 시작되고, 결실을 본 것은 1960년 6월이 되어서였다. 그 사이에 장대익 신부는 전국에 신협 운동의 필요성을 널리 알리기 위해 동분서주했다.
　서울과 인천, 대구 등 전국 각 지역의 가톨릭교회 본당은 물론이고 서강대학교와 효성여자대학교 등 전국의 각 대학을 돌면서 신협 운동을 소개하고, 왜 필요한지에 대해 역설했다. 그는 신협이야말로 우리 국민을 비참한 생활에서 해방시킬 수 있을 것이라는 굳은 신념을 지니고 있었다. 장대익 신부는 모든 사회악이 발생하는 원인이 불안정한 사회라고 보았다. 그가 생각하기에 신협 운동은 사회악을 예방하는 운동이었다.

그의 신조는 늘 한결같았다. '재산이 없는 서민들은 대부분 급한 일이 있어도 돈을 빌리기 힘들다. 돈이 필요할 때 언제든지 간편하게 필요한 돈을 융통할 수 있는 신협은 꼭 필요하다. 또 미래를 준비하기 위해 저축하는 정신과 서로를 돕고 의지하며 협동하는 정신을 기르기 위해서라도 신협 운동은 널리 퍼져야 한다.' 장대익 신부는 수백 회가 넘도록 전국을 누비며 강연을 했다. 모든 사람이 가난이라는 수렁에서 벗어나 행복을 누리고, 잘살 수 있는 날이 올 것이라고 그는 굳게 믿었다.

그는 신협을 조직할 때 외부의 압력에 굴복하지 않는 것을 철칙으로 삼았다. 그래서 자본가들의 지원과 원조도 절대 받지 못하도록 했다. 그리고 반드시 신협 운동을 교육받도록 했다. 교육을 통해 민주주의의 원칙에 따른 협동조합의 개념을 조합원들에게 인식시키고 신협을 통해 자신의 삶이 어떻게 변화될 것인지 스스로 고민하고, 자발적으로 참여할 수 있도록 했다. 신협 운동은 급속도로 퍼져나갔고, 현재의 한국 신협은 서민 대중들을 위한 대표적인 금융기관으로 뿌리를 내렸다. 장대익 신부는 이렇게 신협의 뿌리를 공고히 내리는 데 큰 역할을 하며, 한국 신협의 대부가 되었다.

사채 정리 운동으로
신협이
들불처럼 번지다

신협 운동을 시작하던 1960년대 초반만 해도 성공하리라 생각한 이들은 그리 많지 않았다. 그런데 신협의 필요성을 절감한 이들이 점점 늘어, 마침내 이 땅에 신용협동조합이 뿌리를 내리기 시작했다.

해외의 신협 운동가들은 개발도상국에서는 어쩔 수 없이 정부 주도형 협동조합 운동을 펼쳐야 성공할 수 있다고 주장했다. 하지만 한국 신협의 성공은 이들의 생각을 완전히 뒤바꿨다. 한국의 신협 운동은 가난하기 때문에 가난할 수밖에 없다는 빈곤의 고리를 끊고, 티끌을 모아 저축하면 가난에서 벗어날 수 있다는 가능성을 널리 천명했다.

한국에서의 신협 운동은 위로부터의 명령과 지시가 아니라, 민주적인 협동조합 운동을 의미한다. 한국 신협은 주민 자신의 자발성과 자율성에 의해 이루어진 최초의 민간운동이었으며, 자율적인 사회운동의 효시로 기록되었다.

가난하고 암울한 세상에 대해 원망하며 살았던 조합원들은 평생 처음 예금통장을 손에 들고 1원, 2원씩 저축하며 장밋빛 내일을 꿈꾸게 되었다. 신협은 높은 사채 이자에 짓눌렸던 서민들의 허리를 펴게 하는 데 큰 역할을 했다.

1960년 성가신협이 설립된 이후, 1964년 신협연합회를 설립하며 신협 운동은 전국적으로 확대된다. 이후 1965년부터 단위조합의 회비로 신협연합회의 운영비와 교육비를 충당하는 등 조직과 규모를 갖추었다. 당시 '1 조합원 1원 모으기' 운동을 통해 한국 신협 운동은 자주와 자립의 기반을 갖추게 된다.

1960년대의 신협은 향후 50년, 100년을 내다보는 조직을 갖추기 위한 법안을 제정하고 기반을 구성하는 시기였다. 한편 대외적인 활동도 활발하게 이루어졌다. 1965년 5월, 한국 신협은 미국 신협연합회(CUNA:Credit Unions National Association), 이후 1970년 세계 신용 협의회(WOCCU:World Council of Credit Unions로 개편)에 가입하며 국제 신협 운동 대열에 동참하게 된다. 또한, 1971년 4월 아시아 신협 연합회(ACCU:Association Of Asia Confederation Credit Union)의 설립에도 한국 신협이 주도적인 임무를 수행하며, 아시아 신협의 맏형으로 아시아 신협 운동을 주도하는 데 앞장서게 된다.

신협 운동을 시작하고 12년 후, 신협연합회가 설립되고 8년이 지난 후인 1972년 8월, 마침내 신용협동조합법이 공포되며 신협 운동은 전국으로 확대될 수 있었다. 신협 운동을 시작한 지 12년 남짓, 연합회를 설립하고도 8년이 지난 후였다. 신협 법에는 신협뿐만 아니라 새마을금고 운영에 관한 사항도 포함되어 있었다. 이후, 1983년 새마을금고 법이 단독 법으로 제정될 때까지 신협 법은 신협과 새마을금고 설립의 법적인 근거가 되었다.

신협은 전국을 영남, 호남, 중부 지방으로 나누어 대대적인 법인 설립에 착수했으며, 불과 4개월 만인 12월에 재무부로부터 248개의 조합을 법인조합을 인가받았다. 신협 법의 제정과 함께 조합의 업무는 크게 달라졌다. 인가 기준부터 업무 종목, 이자율, 각종 세금 문제, 등기 등 자율에서 규제로 인식될만한 정부의 지침 등 행정명령이 있었다. 이 법의 제정으로 신협은 법적인 보호를 받을 수 있는 서민금융기관으로 육성되며 세제 혜택을 받게 되었다.

1970년대 한국 신협은 놀라운 성장세를 보이며 강원도에서 제주까지, 뿌리를 확실하게 내리게 된다. 한국 신협의 성장은 국제적으로도 우수한 평가를 받았는데, 당시 아시아 신협연합회의 사무국장이자 신협중앙회장 강정렬 씨가 막사이사이상을 받으며, 한국 신협은 아시아의 주목을 받았다. 막사이사이 재단 본부에서 수상의 이유를 '신협을 통한 아시아 각국의 이해 증진에 이바지한 공로'라고 명시하며 한국 신협은 국내외적으로 지위를 한 단계 상승시키는 계기를 마련했다.

1980년대의 한국 신협은 놀라운 성장을 보였는데 이러한 양적 성장은 IMF 이전까지 계속되었다. 1982년부터 1986년까지 인가를 받은 조합이 전국에 총 393개, 대한민국 전역으로 신협이 퍼진 것이다. 1960년 5월 1일에 출자금 3천4백 환으로 최초의 신협인 성가신협이 문을 연 뒤 1986년 11월 말에 한국 신협은 총자산이 무려 1조 183억 71만 2천 원이라는 놀라운 성장을 보였다. 탄생한 지 26년 만에 1조 원을 돌파하는 위대한 업적을 이룬 것이다. 27명으로 시작한 조합원은 1986년 말에는 120만 명이 넘었다.

1982년 한국 신협은 자산규모 면에서 세계 4위의 신협으로 성장하며 국제 사회의 주목을 받았다. 1983년 세계 신협인 대회와 세계 신협협의회총회를 우리나라에서 개최하며 한국 신협은 세계에 그 위상을 널리 알렸다. 한편 세계 신협 운동의 흐름을 주도하는 위치로 자리매김한 세계 신협 협의회는 일반 협동조합과는 다른 신협만의 운영원칙이 필요하다고 판단, 세계 신협 운동의 헌장 격인 신협 운영원칙을 제정하고 공포했다.

이 시기의 한국 신협은 지난 시대까지의 국제사회와 다른 관계를 형성하는 전환기가 된다. 수혜受惠에서 시혜施惠의 협력 관계로 전환된 것이다. 세계 신협 협의회는 모범적이고 표준적인 신협 운동을 펼치는 한국 신협 운동을 국제사회에 추천하며, 한국 신협의 성공을 세계에 널리 알렸다.

1987년 7월의 어느 날, 한 일간지에 한 장의 사진이 실렸다. '사채정리 운동 실시 기간'이라는 이름의 현수막이 실린 사진이었다. 1960년대에 신협 운동이 전국적으로 들불처럼 퍼지며 신협은 서민경제의

■ 전쟁이 끝난 후, 사람들은 밥을 먹기 위해 사채나 고리채를 써야 했다. 이런 악습을 막고자 한국 신협은 무담보, 저금리로 대출해 주었으며 이를 계기로 한국 신협이 들불처럼 퍼져 나갔다.

밑거름이 되었다. 그 덕분에 서민들의 목을 옥죄었던 고리채가 많이 사라졌던 것도 사실이다. 하지만 여전히 많은 이가 낮은 신용도로 은행에서 대출을 받을 수 없어서, 높은 이자에도 불구하고 어쩔 수 없이 사채를 이용하고 있었다. 이처럼 1980년대 중반까지도 사채는 대대적인 사채 정리 운동을 해야 할 정도로 서민경제를 옥죄는 무서운 존재였다.

신용도가 낮아서 은행을 이용하기도 어려웠던 이들은 은행보다 훨씬 높은 금리의 사채를 사용하고 이를 갚기 위해 또다시 사채를 끌어 쓰는 악순환의 고리에서 벗어나지 못했다. 이런 경제적 약자들이 있어, 신협은 고리채 타파에 대한 의지를 버릴 수 없었다. 신협은 사채를 갚을 수 있도록 대출을 해주었다. 이것은 서민들의 편에 서겠다던 신협의 초심이었다.

황금기와 위기는
반드시
찾아온다

1990년대에 접어들어서도 신협은 황금기를 맞는 듯 보였다. 지역별 연합회가 활성화되었고, 신협 운동은 더욱 확대되며 자산도 급격하게 성장했다. 1996년에는 전국에 1,671개의 신협에 자산규모만 16조 6천억 원이 넘었다. 그런데 외환위기가 닥치며 대한민국 경제에 빨간 불이 켜졌다. 외환위기는 신협의 경영에도 악영향을 끼쳤다. 지금까지 양적 성장에 치중하면서 질적인 관리를 소홀히 했던 각 조합의 부실이 눈에 띄게 드러났다. 지금까지 신협의 주요 업무영역이었던 자영업자와 가계자금 대출 시장에 대형 은행들이 본격적으로 진입하며, 신협의 금융업은 더욱 어려워졌다.

1996년 1,600개가 넘었던 전국의 신협은 그중 40%가량인 660여 개의 조합이 문을 닫는 사태에 직면한다. 그 수가 거의 절반 이상 줄어들 정도로 위기가 닥쳤을 때, 신협은 오히려 빛이 났다. 조합의 수는 줄었지만, 총자산은 오히려 42.7%나 증가했고, 조합의 감소에 비해 조합원 수의 감소는 8% 정도로 오히려 미미한 편이었다.

각 기업의 구조조정과 대형 금융권의 통폐합 과정에서도 신협은 무너지지 않았다. 대형 금융기관과의 경쟁에서도 경쟁력을 갖추고 가치를 인정받았다. 1990년대 한국 신협은 시련을 현명하게 극복했으며 위기를 기회로 바꾸었다.

2000년의 시작은 대한민국에도 큰 위기였다. 그리고 신협에도 질곡의 시간이었다. 하지만 외환위기라는 어둡고 긴 터널을 신협은 무사히 빠져나오며 성장했다. 위기를 기회로 삼았고, 21세기에 맞는 종합 협동조합으로 나아가기 위해 발판을 마련했다. 재도약 시기를 준비한 것이다.

신협은 급변하는 금융환경의 변화에 능동적으로 대처하며 경쟁력을 갖추기 시작했다. 2001년 금융결제원에 가입했고, 2002년부터는 금융기관의 공동망 시스템을 통해 환업무를 실시하며 카드사와 제휴하여 신용카드 발급 등 은행 수준의 금융서비스를 제공하는 등 대외적인 경쟁력을 키워나가기 시작했다.

한편 자체 구조조정을 단행하며 부실 신협을 정리했다. 생존한 조합에는 자생할 수 있는 지원을 아끼지 않았다. 특히 금융경쟁력을 높여 비과세 예금과 서민대출, 신협 보험, 신용카드, 신용카드 단말기 사업 등 비이자 수익을 늘려나갔다. 그 결과 2009년에는 예금 성장률이 전 금융권 2년 연속 1위, 대출성장률 상호금융권 1위, 당기순익 1,848억 원이라는 사상 최대의 경영성과를 기록했다.

1950~60년대에 한국에 신협이라는 씨앗이 싹트지 않았다면 어떻게 되었을까. 고리채에 시달리던 서민들의 삶은 더욱 곤궁하고 피폐했을 것이며 가난의 굴레는 벗어나기 힘들었을 것이다. 신협의 존재 이유, 신협의 특별한 가치와 가능성은 위기가 닥쳤을 때 선명하게 드러났다.

2008년 글로벌 금융위기 이후 금융권의 유동성 위기로 대출이 억제되었을 때, 신협에서는 오히려 대출을 늘렸다. 이러한 신협의 조치는 중소상공인의 자금난 해소에 선도적인 역할을 했다. 신협이 서민경제의 진정한 파수꾼임을 천명한 것이다. 위기의 시기에 신협의 가치는 오히려 더욱 빛났다.

5대 은행이 위세를 떨치던 시기에 신협은 2금융권으로 불리며 2인자의 설움을 안고 살았다. 그런 설움을 겪으면서도 서민 경제의 향상을 위하여 서민들의 편에 서왔다. 시중 은행들이 유동성 위기로 어려워지자 불안한 고객들은 앞다투어 예금을 찾아갔다. 하지만 신협을 이용하는 손님들은 신협이 어려워지자, 오히려 신협에 도움을 주겠다며 예금을 찾아가지 않았다. 신협을 이용하는 이들은 '고객'이 아니라 '주인'인 조합원이었기 때문이다.

전국에 신협이 없는 곳은 없다. 어디에나 신협이 있고, 직원과 조합원이 함께 공동체를 만들어간다. 신협의 뿌리인 신뢰가 사라질 위기에 처한 상황도 있었다. 신용협동조합에 '신용'을 잃어버린다면 무엇이 남겠는가. 직원들은 모두 마음을 합해 조합원들을 설득했다. 일일이 조합원을 찾아가 신협의 의미를 재차 설명했다.

신협은 불황의 시대에 경제적인 고통을 호소하는 국민을 위하여, 경제적 약자를 위한 금융의 가치를 높이 세워나가고 있다. 사람이 주인인 신협에서 역경과 고난 속에서도 신협의 도움으로 스스로 일어선 조합원들이, 주인의식을 발휘하여 신협을 지키고 있다.

대한민국 협동조합의 메카로 불리는 강원도 원주와 충남 홍성 홍동면의 구심점도 신협이다. 1971년 32명의 주민 출자로 설립된 '원주 밝음신협'은 원주 협동조합의 중심이 되었고 1985년 한살림생협이 탄생할 때도, 2002년 원주의료생협이 탄생할 때도 신협이 중심이 되었다.

풀무학교가 있는 충남 홍성 홍동면에는 1969년에 설립한 풀무신협이 중심이 되어 경제 공동체를 만들었다. 조합원인 농민, 서민이 잘살수 있는 길을 찾기 위한 지역사회개발 사업을 활발히 전개한 결과, 이제는 홍동마을에 없어서는 안 될 지역경제의 기둥이 되었다.

경기도 안산에는 달동네 주민 18명이 함께 협동조합을 만들었다. 1990년 고잔역 근처 달동네에서 살던 주민들이 서로 돕고 살자며 안산 소비자협동조합을 세웠고, 그것이 뿌리가 되어 화랑신협이 설립되었다. 안산신협에서는 의료생협에 진료공간을 무상임대로 제공해 지역민들에게도 큰 힘이 되었다.

이제 신협은 900여 개가 넘는 조합에, 600만 명의 조합원, 73조 원의 자산규모로 성장했다. 하지만 한국 신협은 단순한 금융기관이 아니라 '조합원 중심', '인간 중심'의 철학 아래 여전히 '믿음과 나눔'을 실천하고 있다. 더불어 사는 사회를 만들어갈 것을 목표로 삼고 실천하는 신협은 대한민국 전역, 각 계층에게 꼭 필요한 공동체로 인식되며 자발적 참여자들이 늘고 있다.

혼자 잘사는 것이 아니라, 함께 나누며 성장하겠다는 마음으로 함께 해온 신협 운동은 21세기로 이어진다. 어두운 구석을 비추는 따뜻한 마음으로 시작한 신협 운동은 가난한 서민들의 경제적 자립을 넘어, 서민과 중산층의 든든한 금융 동반자가 되었다. 한국의 신협은 금융협동조합으로 사채업 양성화의 결과물인 저축은행이나 대부업체와는 그 출발부터 다르다. 고리채에 허덕이던 서민들이 조합을 구성하고 지역사회에 든든한 기반을 만들기 위해 설립한 것이 신협이다.

천천히, 확실하고 꾸준하게
서민의 지렛대를
꿈꾸다

1965년, 남다른 소명의식을 가진 지학순 주교가 원주 교구장으로 부임했다. 그는 '신자들과 일체감을 가져야 한다.'는 신념을 갖고 있었다. 사명감으로 똘똘 뭉친 신임 교구장은 성당의 높은 담을 허물기로 했다.

처음 원주교구에 도착했을 때, 가난한 신자들이 너무나 많았다. 가난한 이들은 은행 문턱이 너무 높아 이용할 엄두조차 내지 못했다. 소위 '달러 빚'이라는 고리대금을 갚으며 근근이 살았다.

지학순 주교는 부임하자마자 원주교구의 평신도회장을 찾았다. 그리고 신협 운동에 대해 알리고 함께 논의하기 시작했다. 신협이 무엇인지 알게 된 신자들은 신협을 서민들을 위한 구원의 동아줄이라고 생각하게 되었다. 서울에 가서 협동조합 연수를 받고 돌아온 신자들은 원동성당에서 원주 최초의 원주신협을 설립했다. 뒤를 이어 1970년대에 원주 밝음신협이 문을 열었고, 원주의 감리교단에서도 뜻을 함께하며 원주 제일신협을 설립했다.

원주 시민들의 참여와 호응은 매우 높았다. 은행을 제대로 이용하기 어려웠던 이들에게 금융권이 먼저 문턱을 낮춰주니 고맙고 반가웠다. 가난한 서민들을 주인으로 여기는 신협이 그들의 이웃이 된 것이다.

참여 열기가 뜨거워지며 원주에는 신협이 계속해서 늘어났고, 지학순 주교는 진광 중고등학교에 협동조합연구소를 개설하게 되었다. 협동조합연구소에서 교육프로그램을 진행하며 원주를 넘어 강원도 전역에 신협 운동이 전파되었다. 강원도 원주가 대한민국 신협 운동의 뿌리 중 하나가 된 데에는 이런 배경이 있었다.

지학순 주교의 손으로 만든 신협은 주로 농민, 중소 상공업자, 일반 서민들이 경제적인 이익을 추구하기 위해 상부상조의 형식으로 만든 금융협동조합의 의미가 컸다. 협동조합의 설립 목적은 이윤추구가 아닌 조합원들에게 봉사하는 것이다. 일반 기업과는 설립취지가 180도 다르다.

현재 원주의 각 신협의 자산을 합하면 1조 원이 넘을 정도로 규모와 열기가 뜨겁다. 원주 사람들에게 신협의 자산규모 1조 원은 그 의미가 남다르다. 서울에 은행의 모체를 둔 제1 금융권은 주민들이 저축한 돈을 본사로 보내지만, 신협에 모인 돈은 그대로 원주에 남아 원주의 경제에 이바지하고 있다. 원주 내에서 이루어지는 금융의 순환이 원주 사람들의 마음을 움직이고 있다. 원주에서는 굳이 큰 대형 은행이 아니라, 원주 사람들이 주인인 신협에 자신들의 소중한 돈을 저축하는 것이 더 마음이 놓인다고 말한다.

　신협 운동사에 빠질 수 없는 인물이 있다. 신협 사람들은 그를 '철저한 원칙주의자', '순수한 운동가이자 실천가'라고 한다. 1961년에 처음 신협과 인연을 맺은 그는 빈곤 문제의 해결책이 신협 운동에 있음을 확신하고 그 후 50여 년간 신협 운동의 확산에 힘써왔다. 전 신협중앙회장인 이상호 씨다.

　1950년대 후반, 당시 농업은행(전 농협중앙회) 조사부에 근무하던 청년 이상호는 참담한 농촌의 현실을 보았다. 경제학을 전공한 그는 빈곤에 허덕이는 서민들을 지켜보며 고민이 깊어졌다. 그가 찾은 희망의 메시지는 신협 운동이었다. 빈곤 타파의 대안이 신협이 될 거라 확신한 그는 1961년부터 본격적으로 신협 운동에 참여했다. 신협 교육을 원하는 곳이라면 어디든지 방방곡곡을 누볐다. 그 덕분에, 1년 만에 23개의 신협이 설립될 정도로 성장했다. 그는 2010년 신협 50주년 기념행사에서 그간의 공로를 인정받아 동탑산업훈장을 수상하기도 했다.

　이상호 전 중앙회장에게는 좌우명이 있다. '천천히 확실하고 꾸준히'다. 원칙과 기본을 지키며 묵묵히 전진할 때만이 신협이 서민의 희망이 될 수 있음을 지난 50년간 경험했기 때문이다. 신협의 성공을 위해 그는 후배들에게 당부한다. '천천히 확실하고 꾸준히' 조합원을 위한 신협이 되라고 말이다.

가난한 이들이
스스로 부가가치를
찾게 하다

1959년 12월 선교를 위해 머나먼 벨기에에서 한국을 찾은 젊은 신부는 한국 사람들을 보자 눈물부터 쏟았다. 모든 것이 절망적이었다. 한국인들을 괴롭히는 보릿고개는 외국인 신부의 마음을 아프게 했다. 지정환 신부(본명: 디디에 세스테벤스)였다. 당시 한국에는 굶어 죽는 사람들이 즐비할 정도로 비참한 상황이었다. 이를 지켜보던 지정환 신부는 사람들이 잘살 수 있도록 도와주는 것이 진짜 선교라고 생각했다.

1964년 전북 임실 본당 신부로 생활하게 된 그는 임실의 젊은이들에게 잘사는 방법을 알려주기로 했다. 굶주린 이에게 밥을 한 끼 주면 한 번 먹고 없어지지만, 농사짓는 법을 알려주면 평생을 먹고살 수 있는 것처럼, 그는 지속할 방법을 고민하기 시작했다. 그가 생각한 것은 치즈 공장이었다.

"곳곳에 깔린 풀과 빈둥대는 시간밖에 없는 임실의 악조건이 오히려 산양을 키우기에 좋다는 걸 알았죠. 그래서 산양을 키우고 그 젖을 이용해 치즈를 만들기로 했어요. 산양 두 마리를 키우고 그 젖으로 치즈를 생산했어요.

처음부터 잘되진 않았죠. 실패를 거듭하면서 제 고향인 벨기에에도 찾아가고 프랑스 치즈 농가에도 가보고, 본고장인 이탈리아에도 방문해서 치즈 제조 비법을 찾았어요. 마지막으로 가본 이탈리아에서 한 젊은이가 건네준 치즈 제조법이 적힌 노트를 보고 그대로 해본 것이 성공한 거죠. 계속 실패하다가 4년 만에 성공했어요. 그랬더니 사람들이 지정환 치즈라고 하네요."

- 지정환 신부 〈인물과 사상〉 인터뷰 중 -

지정환 신부는 자립과정에 신협이 필요하다고 생각했다. 성당에 신협을 세우겠다고 하자 교구 신부들의 반대가 심했다. 신자들끼리 돈거래를 하다가 행여나 사고가 날까 봐 걱정이 되었기 때문이다. 그래서 지정환 신부가 직접 신협 운영에 참여했고 여신 위원이 되어 신협 운동의 주축이 되었다.

이후 본당 신부를 그만둔 지정환 신부는 전라도 일대를 순회하며 신협 운동을 본격적으로 알렸다. 보따리 하나에 장화를 신고 전국을 7년간 돌아다니며 경제적으로 자립할 방법을 설파했으니 그때 만난 이들은 그를 미쳤다고까지 말했다. 그가 처음 신협 운동을 이야기할 때만 해도 부자들은 비웃고 서민들은 반신반의했다고 한다. 서로 믿고 도와가며 돈 있는 사람이 저축하고 돈이 필요한 사람은 빌려 쓸 수 있어 누구나 자기 돈으로 떳떳하게 살아가는 사회는 마치 '미친 사람이 떠드는 허황한 이야기'처럼 들렸다.

고리채로부터 서민들이 해방되는 방법은 신협 운동뿐임을 지정환 신부는 잘 알고 있었다. 그 때문에 신협을 설립하고 교육하는 일을 게을리할 수 없었다. 지정환 신부가 뿌린 신협 운동의 씨앗은 호남지방에 널리 퍼져 그가 꿈꾸었던 신협의 이상향이 실현되었다.

1957년 갓 서품을 받은 미국인 신부, 바실 프라이스Basil M. Price가 한국에 왔다. 그는 어려운 외국에 나가서 봉사하며 살겠다는 자신의 꿈을 좇아 한국에 왔다. 그는 서강대학교의 설립을 위해 한국에 들어와 활동 중인 가톨릭 관계자들을 만났다. 메리 가브리엘라 수녀도 그중의 한 사람이었다.

그녀는 젊은 신부에게 신협 운동을 전했다. 가브리엘라 수녀는 신협을 만들면 고리채로부터 가난한 한국인들이 해방될 수 있다고 말했다. 몇 차례의 만남이 있고 난 뒤에, 협동조합의 설립과 실천에 관한 워크숍과 토론회가 열렸다. 프라이스 신부는 빠지지 않고 참석하며 한국 신협의 뿌리를 내리는 데 도움을 주었다. 당시 신협 운동에 가장 관심을 가졌던 메리 가브리엘라 수녀는 신협 설립을 실천에 옮겼고, 신협 운동에 대한 열정을 키워나갔다. 프라이스 신부 또한 자신을 필요로 하는 곳이라면 어디든 달려가 강의를 했다.

프라이스 신부가 가는 곳에는 어디든지 신협이 생겨날 정도로 그는 신협과 함께 살았다. 서강대 학생들에게도 신협을 교육했다. 대학교 안에 신협을 설립하기도 했다. 학생들만을 위하여 학교 안에 설립한 신협은 운영이 어려워서 오래지 않아 문을 닫게 되었다. 하지만 학생들에게 전파된 신협 운동은 농활을 통해 전국에 신협의 가치로 전해지게 되었다.

그 후 충남지역의 대학에도 신협이 탄생했다. 꼿꼿하고 강직하기로는 대쪽과도 같았던 오덕균 전 신협중앙회장의 열정 덕분이었다. 서울대 상대를 졸업하고 공군사관학교 경제학 교관을 거친 뒤, 충남대 교수로 재직 중이던 그는 1968년 목동 천주교회에서 당시 서강대생이었던 박현길 씨의 신협 소개 교육을 받고 신협의 정신과 함께하기로 했다. 이듬해인 1968년 신협 연합회 충남지부 평의회 간사장 직을 맡으며 평생 대전, 충청권에 신협 운동을 전파했다. 그가 신협 운동에 뛰어든 이유는 간단했다. 1인당 GNP가 87달러밖에 안 되는 가난한 나라의 사람들에게는 구호가 아니라 자조, 자립하는 방법이 필요하다는 확신이 있었기 때문이다.

그때부터 교수와 신협 운동가라는 두 가지 역할을 하기 위한 온갖 노력이 이어진다. 교육용 교재를 챙겨서 직접 서산과 홍성 등 충남 일대를 두루 돌아다녔던 그는, 말 그대로 발로 뛰는 신협 운동가였다. 덕분에 그가 가는 곳곳마다 지역사회에도 직장에도 어김없이 신협이 생겼다. 충남대 신협도 그가 추진했다. 이후 충남대 총장 취임 인터뷰에서도 신협을 소개하며 뼛속까지 신협인임을 널리 알렸다.

자신이 종사하는 분야가 교육계였기에 제대로 된 교육을 펼칠 수 있었다고 말하는 그는 조합원을 먼저 생각해야 신협의 정체성이 흔들리지 않는다고 믿는다.

"학자로서 '경제와 분배 정의'에 관심이 많았는데 신협 교육은 커다란 자극이 됐습니다. 협동조합의 가치를 발견했던 것이지요. 자본주의의 빈틈과 허점을 신협 운동으로 메우고 싶었습니다. 그러려면 조직화한 서민의 힘이 필요했습니다. 비민주적인 요소가 팽배했던 우리 사회가 민주화되는데 신협 운동이 나름의 역할을 할 수 있을 거라는 생각도 있었습니다. 신협 운동은 민주주의 교육 실천의 장으로도 큰 힘을 발휘할 수 있습니다."

- 오덕균 전 충남대 총장, 전 신협중앙회장

1960년, 전형서 씨는 부산 메리놀병원의 한국어 교사였다. 그해 3월 부산에서 국내 최초의 신협 세미나가 열릴 때 그는 운명처럼 그곳에 참여했다. 참가자의 대부분은 구호단체의 대표인 외국인들이었고 한국인은 전형서 씨를 비롯한 대여섯 명뿐이었다. 그날 독일 신협의 아버지인 라이파이젠의 일대기를 영화로 만들어 상영했다. 전형서 씨는 그 영화를 보고 신협 정신에 매료되었다고 한다. 함께 모인 한국인들 모두 같은 마음이었다.

세미나가 끝난 뒤에 모였던 한국인들은 각자 신협에 관한 자료를 찾기 시작했지만, 거의 모든 자료는 영문이었다. 그래서 분야별로 나누어 번역하고 함께 만나 공부를 하는 시간을 가졌다. 그만큼 자료는 어려웠고 양도 많았다. 그는 아예 조합을 설립해서 직접 실천하며 공부를 해보자고 건의했다. 함께 모여 강습회를 계속하며 조합 설립에 참여했다. 그것이 바로 성가신협이다.

성가신협을 설립하고 전형서 씨는 꼬박 2년 동안 점심을 걸러 가며 신협의 회계를 보았다. 본인의 생업이 따로 있어 점심시간인 12시부터 1시까지만 신협의 업무를 볼 수 있었다. 성가신협이 어느 정도 자리를 잡자, 전국으로 확대하고 싶은 꿈이 생겼다. 그런데 신협을 조직하는 일은 너무도 힘들었다. 5.16 군사 정변이 있고 얼마 지나지 않은 뒤라, 3인 이상의 집회는 어떤 목적으로든 허용되지 않았던 때였다.

보통 강습회에 참가하는 수강생은 200명, 모임을 위해서 집회 허가서가 필요했다. 허가서를 얻기 위해 경찰서에 신고하면 정보과장의 불허명령이 떨어졌다. 그래도 그는 멈출 수 없었다. 우리 민족을 살리는 길은 신협을 설립하는 것밖에 없다고 생각했기 때문이었다. 정보과장과 싸워가며 강습회를 개최했고, 무슨 일인지 알아보기 위해 정보과장이 와서 강습회를 듣다가 신협의 정신에 감동하여 지원자가 되기도 했다. 신협 정신을 구현하기 위해 살아왔다는 전형서 씨. 그 역시 한국 신협의 산파가 되었다.

탄광촌, 병원, 대학에도
신협의
온기가 있다

태백에 생긴 신협

다른 어느 곳보다 협동조합이 필요했던 곳이 바로 탄광촌이지만, 너무
나 고단한 광부의 삶에 '신협 운동'이 끼어들 여지가 없었다. 1970년대
의 강원도는 탄광산업의 활황으로 풍요로운 삶을 누렸다. 특히 탄전지
대인 태백은 우리나라 탄광 생산의 3분의 2 이상을 채굴하며 40만 명
이 넘는 광부들이 살기도 했다. 가족들까지 생각하면 태백에는 무려
100만이 넘는 인구가 살았다. 강원도 전체 인구가 200만 명이던 시절
에 태백 인구가 그 절반에 이를 정도였다.

하지만 광부들의 삶은 태백의 탄광 열기만큼 좋은 것은 아니었다.
지하 2천 미터의 막장에서 석탄을 캐며 자신들의 삶을 스스로 '막장
인생'이라고 불렀던 광부들은 있으면 먹고 없을 땐 굶는, 말 그대로

'막장 인생'을 살고 있었다. 당시 탄광촌은 가난을 이기지 못해 찾아오거나 사업에 실패한 사람, 범죄를 저지른 뒤에 숨어드는, 그야말로 인생의 막다른 길에 이른 사람들이 많이 모인 곳이었다.

인생의 막장에 선 사람들에게 '신뢰'와 '신용'이란 말은 남의 나라말과 같았다. 가장 힘든 일은 협동조합의 의미를 알리는 것이었다. 광부들이 일일 3교대, 8시간씩 막장에서 일하다 나오면 제대로 된 교육을 진행하기 어려웠다. 돼지고기를 구워 먹으며 술이나 먹는 것이 탄광촌의 하루를 마감하는 풍경이었다. 당시 원주에서 신협 운동을 하던 이경국(전 신협중앙회 사무총장)은 탄광촌의 술집을 찾아다니며 협동조합 운동을 소개했다.

정부에서는 신협 운동을 야당 운동이라고 생각해서 협동조합이 확산하는 것을 탐탁지 않아 했다. 경찰서 정보과에서 뒤를 따라다니며 감시하기도 했다. 그래도 술자리에서 몰래 교육하고 원주 협동조합 연수원까지 가서 몰래 교육을 받게 했다. 엄혹한 시절에는 신협 운동의 확산도 그만큼 어렵고 힘들었다.

그러다가 겨우 한두 사람씩 출자금을 내서 조합을 만들었다. 3년 동안 광부들의 뒤를 졸졸 따라다니며 신협이 필요하다고 설득해 얻은 소중한 결과였다. 더불어 잘살자는 이야기가 광부들의 마음을 움직였고, 초기 설립자금은 원주교구의 지학순 주교가 보탰다. 그렇게 태백에 처음 신협이 생겼다.

힘겨운 시작이었지만 그렇게 신협 운동을 하고 3년이 지나니 성과가 나타나기 시작했다. 광부들은 더 열심히 신협 운동에 동참했다. 연

말이면 배당금(이율배당금, 출자배당금)도 받았다. 거기에 혹시 탄광에서 인건비를 못 받는 경우가 생기면 신협이 나서서 노동조합과 협조해 회사를 압박했다. 자신의 밀린 월급도 받게 해주니까 신협에 대한 신뢰는 점차 쌓였다.

하지만 아무리 그래도 광부들에겐 저축할 돈이 없었다. 광부들이 돈을 모으는 일은 참으로 어렵고 힘들었다. 가장 큰 이유는 탄광촌의 물가가 너무 비쌌기 때문이었다. 생필품은 도시보다 서너 혹은 열 배 이상 비싼 값으로 들어왔다. 이경국 씨는 신협을 설립하고 난 뒤에 그들의 삶에 더욱 관심을 가졌다.

탄광에서 꼭 필요한 장화가 원주에서 1만 원인데 탄광에서는 3~4만 원은 예사였다. 보다 못해 서울에서 도매가격으로 기차로 한 량씩 사다가 1만 원에 팔았다. 라면도 공장도가로 사 와서 팔았고 생산자 농민들과 계약재배를 통해 가을에는 배추도 그렇게 광부들에게 공급했다. 현재의 한살림이나 생협, 소비자협동조합 등의 계기가 되었다.

세브란스신협

1960년대는 번듯한 직장을 가진 이들도 힘들고 어려운 시대였다. 연세대 의대를 졸업하고 미국 유학을 다녀온 뒤 모교에 임상병리학과장으로 부임한 이삼열 박사는 월급을 미리 쓰고 정작 월급날에는 빈 봉투로 살아야 했던 병원의 직원들을 보며 그들의 처지가 안타까웠다.

그러던 어느 날 그는 병원의 채플 시간에 신협 운동을 접하게 되었다.

신협 운동에 마음을 빼앗긴 그는 병원에 신협을 설립하기로 했다. 1969년 12월, 그렇게 세브란스신협이 탄생했다. 세브란스신협은 승승장구했다. 점점 성장하는 모습을 본 그는 자신이 다니는 교회에도 신협 운동을 전파하기로 마음먹게 되었다. 그런데 말을 꺼내자 목사와 장로들이 거세게 반대했다.

교회를 설득하는데 3년의 세월이 걸렸다. 그사이에 교회의 크고 작은 일에 솔선수범으로 봉사하며 신협의 가치를 드러냈다. 3년을 한결같이 섬기며 봉사하는 모습을 지켜본 목사와 장로들이 마음을 열었다. 이 일을 겪으며 이삼열 박사는 이사장이나 임직원만 잘해서는 신협이 절대로 발전할 수 없음을 깨달았다. 말단 직원, 조합원 한 사람 한 사람이 모두 신협의 정신과 가치를 실천해야 성공할 수 있음을 깨닫게 된 것이다.

신협은 사람의 모임이지, 결코 돈으로 이룰 수 있는 조직은 아니라고 말한 이삼열 박사. 사랑과 정신이 빠진 조직은 더이상 신협이 아니라고 말하는 그의 정신은 지금도 살아있다.

한양대 키다리은행

2015년 9월, 한양대 〈협동조합의 이해〉 수업의 팀 프로젝트에서 모인 학생들은 대학생들의 금융 자조를 위해 한양대 키다리은행을 결성

했다. 이들은 경제력이 부족한
대학생들이 소액대출 기회조차
얻기 어려워 대부업으로 내몰
리는 현실에 문제의식을 느끼
고, 금융협동조합 모델을 구상
했다. 대자보를 붙여 뜻에 공감

▌한양대생들이 만든 키다리은행은 소액대출 기회조차 없었던 대학생들에게 좋은 금융 사례가 되고 있다.

하는 학생 40여 명이 240만 원의 출자금을 모았지만 어디서부터 시작해야 할지 막막했다.

학생들은 한국협동조합연구소와 카이스트 사회혁신기금 추진단 등 다양한 기관에 자문하고 사업모델의 틀을 잡아나갔다. 이때 북서울신협이 이들을 위한 '키다리 아저씨'가 되었다. 북서울신협은 경제적 어려움을 학생들 스스로 해결하기 위해 결정한 키다리은행이 신협의 정신과 일치한다는 데 주목했다. 그리고 이들이 초기에 자생할 수 있도록 돕는 멘토가 되었다. 이렇게 한양대 학생들은 북서울신협의 도움을 받아 캠퍼스 금융협동조합 키다리은행을 만들게 된다.

키다리은행의 핵심 사업은 무이자 대출인 숏다리펀드다. 숏다리펀드는 무담보 자율이자(6개월)로 최대 30만 원을 대출해주는 서비스인데, 교내 재학생 가운데 출자금을 낸 조합원에게만 대출 자격이 있었다. 대출은 주로 생활비와 자기계발비 명목이다. 키다리은행은 협동조합의 방식으로 운영하므로 총회와 감사, 사무국을 두고 있었다. 일반 학생도 참여할 수 있는 열린 이사회도 개최(월 1회)하며 투명하게 운영하고 있다. 2016년 11월을 기준으로 조합원 103명, 출자금 1,080만 원,

누적 대출금 1,418만 원, 조합원 교육은 약 129명이 수료했다. 아직 대출 연체자는 없다.

키다리은행은 캠퍼스 내 학생들 간의 금융 안전망 구축을 지향했다. 경제적 어려움을 학생들 스스로 해결하도록 돕는 대출을 운영하면서 동시에 상환 지원사업도 펼친다. 대출받은 조합원 학생들에게 아르바이트 등 일자리를 주선하여 대출금을 상환할 수 있도록 돕는 것이다. 북서울신협은 도봉구의 소재 중고등학교 학생들을 대상으로 하는 협동조합 일일 교사 아르바이트를 연계시켜, 32명에게 대출금 상환의 기회를 제공했다.

> "아르바이트 월급은 다음 주에 들어오고, 당장 아파서 병원에 가야
> 했을 때 키다리은행의 도움을 받아 15만 원을 빌릴 수 있었습니다.
> 저와 같은 처지의 친구들을 도와주고 싶어서 아르바이트 월급을
> 탄 다음 이자 외에 3만 원을 보태 대출금을 상환했는데 뿌듯한 경
> 험이었습니다."
>
> — 키다리은행 조합원

한양대학교 키다리은행의 성공을 모델로 삼아 최근 서울시립대와 단국대학교에도 키다리은행이 설립되었다. 이외에도 전국 대학에서 지역 신협에 키다리은행 설립 문의가 오고 있지만, 지속 가능한 운영을 위해 학생조합원 20명과 출자금 1백만 원 이상을 조성한 대학에 한해서 설립에 관한 지원과 상담을 해주고 있다.

북서울신협은 서울시립대 키다리은행 인큐베이팅에도 직접 참여 중이며, 다른 지역의 신협에도 운영 비법을 전수해주고 있다. 북서울 신협과 키다리은행은 대학의 새로운 금융공동체 모델을 만들어 나가고 있다. 특히 지역의 신협이 청년들이 자조할 수 있도록 협동조합의 설립 기술을 전수하고, 이를 통해 청년들이 자신의 미래를 개척해갈 수 있도록 돕는다. 청년들이 꿈을 키우는 데 신협이 함께하는 것이다.

신협의 협동조합 지원사업

• 협동조합 온라인 비즈니스 플랫폼(www.cubizcoop.co.kr) 지원, 협동조합의 세무회계, 조합원 및 출자금 관리 프로그램을 무상으로 제공한다. 2015년 서비스를 개시하여 협동조합뿐 아니라 마을기업, 자활기업, 사회적 기업 등의 자립기반을 구축하는 데 도움을 주고 있다.

• 기획재정부의 '사회서비스 협동조합 표준모델' 개발 사업에 참여했고, 또한 '청년협동조합 창업공모전'에 참여하여, 우수 협동조합팀에 대한 인큐베이팅, 사업화 자금 지원 등 협동조합 발굴 육성에 기여하고 있다.

• 2017년에는 한국 사회적 기업진흥원의 협동조합 전문 교육기관으로 등록을 통해 신협연수원과 연계하여 협동조합 코디네이터 교육 및 아카데미 등을 준비하고 있다.

공존과
공생을
이끌게 하다

원주교구에 지학순 주교가 부임할 당시 평신도회장은 장일순 씨였다. 고향인 원주에서 일생을 보내겠다고 다짐했던 청년 장일순은 교육 운동을 꿈꾸던 20대의 혈기왕성한 청년이었다. '교육이 세상을 바꾼다.'라고 생각한 그는 교육으로 원주를 변화시키고자 했다. 당시 원주는 피난민들이 많이 들어온 지역이었다. 고향을 떠나온 이들이 넘쳐났고, 치열한 전쟁을 치른 뒤라 원주는 말 그대로 잿더미였다.

장일순은 돈 없고 기반 없는 사람들을 모아 공부를 가르쳤다. 처음에는 초등 과정으로 공부를 가르치다, 아이들이 점차 성장함에 따라 중고등 과정까지 확대했다. 그러다 장일순은 스물여덟 살에 대성 중고등학교를 설립하고 이사장에 취임했다. 교육을 통해 가난한 이들을 구하고 더 나은 세상을 꿈꾸고자 했던 장일순에게 가난한 원주 사람들은 늘 눈에 밟히고 가슴이 아린 대상이었다.

'좁쌀 하나에도 우주가 있다.'라고 믿었던 장일순 씨는 인간과 자연의 조화로운 공존과 공생을 가슴에 새겼다. 장일순의 생명 사상은 돈을 벌어 잘사는 사업이 아니라 사람과 사람이 조화롭게 공존하는 사회였다. 그가 꿈꾸던 것은 조화로운 삶을 바탕으로 한 공동체 사업이었다. 그에게 신협은 자신의 가치에 꼭 맞는 운동이었다.

지학순 주교와 함께 공동체를 위한 새로운 사업을 구상하던 장일순은 고리채에 시달리는 지역 농민들을 보게 되었다. 당시만 해도 서민들에게 은행 문턱은 터무니없이 높아 농민이나 시장 상인들에게는 돈을 빌리러 은행에 가는 일이 참으로 벅차고 어려웠다. 은행 문턱을 넘지 못한 이들에게 돈을 빌려주는 곳은 사채업자뿐이었다. 이자를 갚지 못하면 원금에 이자가 눈덩이처럼 불어났고, 그 빚을 견디다 못해 가족들이 뿔뿔이 흩어지거나 야반도주하는 이들도 있었다. 가진 것이 없는 사람들의 삶은 힘들고 부초처럼 흔들렸다. 대도시가 아닌 소도시의 상황은 도시민보다 곱절은 더 비참했다. 그런 사람들을 위해 장일순은 온 마음을 다했다. 평화롭고 정의로운 세상을 꿈꾸었던 그는 원주에 그런 세상을 만들고자 했다.

장일순은 지학순 주교가 말한 '협동조합'으로 가난을 극복해보고자 했다. 천주교인 둘이 함께 힘을 합해 협동조합의 꼴을 갖추었고 원주교구에 지학순 주교가 부임하며 협동조합은 기틀을 단단히 했다. 그렇게 초대 이사장으로 장일순이 이름을 올리며 드디어 원주에 신협이 탄생했다.

힘을 합해 웃으며 살 수 있는 밝은 사회를 건설하기 위하여, 원주지역의 소상공인, 직장인, 소시민 32명이 함께 힘을 모았다. 서로 믿고 잘살 수 있는 사회를 건설하는 것이 목적이었다. 밝은 사회를 만들겠다는 이들의 염원은 밝음신협이라는 이름에 오롯이 들어있다. 원주를 시작으로 문막, 단두동, 주문진, 삼척, 세교, 진광학원 등에서 신협을 설립하기 시작하며, 강원도 전역에 협동조합이 들불처럼 퍼져나갔다. 장일순이 꿈꾸었던 세상은 사람의 마음을 움직이고 마침내 사회를 변화시키는 운동이었다. 그가 꿈꾸었던 세상은 신협을 통해 이루어지고 있다.

'이웃을 생각하며, 더불어 살자.'는 그들의 마음 그대로 신협은 50여 년 동안 서민들의 편에 섰다. 오늘도 장일순 씨의 따뜻한 마음과 사랑이 여전히 흐르고 있다. 그는 지학순 주교와 함께 원주에 신협의 씨앗을 뿌린 선구자가 되었다.

협동 · 경제 멘토링 사업

신협 사회공헌 재단은 아이들의 꿈을 키워주는 전국 단위 사회공헌 활동을 하고 있다. 〈신협과 함께하는 협동 · 경제 멘토링〉은 한국사

회복지협의회 휴먼 네트워크 사업단과 업무 협약을 통해 전국의 신협이 인근 지역아동센터와 결연하고, 신협 임직원이 취약계층 아동들의 든든한 동반자가 되어주는 멘토링 프로그램이다.

전국 15개 시 · 도 80개 신협이 참여하는 협동경제 멘토링 사업은 2016년 8월 신협 연수원에서 개최한 발대식을 시작으로 6개월간 협동 게임, 요리하기, 금융교육 등 다양한 활동으로 진행되고 있다. 대구 칠곡신협은 자화상 그리기, 에코백 만들기를 통해 아이들과 눈높이를 맞추었으며, 대전 온누리신협과 매칭된 향기로운 지역아동센터에서는 아이들이 직접 선물을 들고 신협을 방문하며 멘토들과 따뜻한 시간을 보내기도 했다. (SBS 〈세상에서 가장 아름다운 여행〉 2016. 12. 6에 소개)

신협의 지역아동센터 멘토링 지원사업은 지역사회와 상생하는 신협의 역할을 실천함과 동시에 새로운 사회적 관계망을 형성함으로써 우리 사회에 선순환의 가치를 더하고 있다. 소외계층 아이들의 꿈을 키우는 신협의 품속에서, 희망이 자라고 있다.

빈곤의 섬
제주에
성장 원동력이 되다

관광객의 천국, 대한민국 최고의 관광지 제주는 휴식과 힐링의 명소로 세계적으로 이름이 났다. 하지만 불과 50여 년 전만 해도 오늘의 성장과 발전은 생각도 할 수 없었다. 그 당시 제주는 어느 지역과도 비교하기 어려운 가난한 섬이었다. 1954년, 젊은 청년 선교사 한 사람이 헐벗고 굶주린 빈곤의 섬을 찾아왔다. 그는 아일랜드가 고향인 패트릭 제임스 맥그린치Patrick James Mcglinchey 신부다.

맥그린치가 아니라 한국 이름인 '임피제'라 불리기 원하는 그는 토종 제주 사람보다 더 제주 사람 같다. 맥그린치 신부는 전쟁이 막 끝난 1954년, 스물다섯의 나이에 한국에 와서 그때부터 지금까지 제주 바람을 맞으며 제주 사람으로 60여 년을 살았다.

1950년대 후반의 제주는 전쟁과 4.3 항쟁으로 삶의 의욕마저 잃은 사람들이 대부분이었다. 집집이 죽지 않은 사람이 드물 정도로 제주도

전체가 충격이 가시지 않았던 시기였다. 제주에는 남아 있는 게 하나도 없을 정도로 척박했다. 그곳에 있는 것이라곤 가난이라는 굴레뿐이었다.

살림이 궁핍해 겨우 보리밥 한 그릇 먹는 것으로 만족해야 했던 시절이었다. 서른이 채 안 된 젊은 신부가 제주도에 도착해 맨 처음 시작한 일이 가난의 타파였다. 그는 아일랜드의 목장을 제주도에 이식하기로 마음 먹었다.

그는 제주도 중산간 지대의 황무지를 개간하기 시작했다. 손에 피멍이 들어가며 150만 평 부지에 목장을 만들었다. 그리고 1961년, 이시돌 목장이 세상에 태어났다. 이후 목장에서 양돈사업과 양모사업을 시작했다. 일거리를 찾아 외지로 나갔다가 목숨을 잃은 제주 여성들을 보고 그들을 위한 일거리로 양모사업을 제안한 것이었다. 묵묵히 돌밭을 일구고 목초 씨를 뿌리며 가꾸었던 이시돌 목장은 제주 축산업 부흥의 일등공신으로 성장했다. 중국산 양모가 수입되기도 하고 돼지고기 가격이 폭등하며 어려움을 겪기도 했지만, 제주 사람들의 강인한 힘으로 성장을 거듭했다.

맥그린치 신부는 모든 이가 합심해서 일을 하고 새벽에 일어나서 밤늦게까지 노동하는 모습을 보고 기적이라 생각했다. 기적이 이들을 가난에서 벗어나게 할 것이라 믿었다.

처음 맥그린치 신부가 만난 제주 사람들은 가난의 굴레에서 벗어날 수 없을 것처럼 보였다. 한 달에 4~5%짜리 이자로 돈을 빌려 겨우겨우 살다가 원금을 갚을 길이 없으면 자포자기하고 자살로 생을 마감하는 사람들이 많았다. 은행이 없었던 제주의 작은 마을에는 저축의 수단이 '계'였다. 매달 돈을 내고 정해진 순서가 되면 목돈을 타는 일종의 적금과 유사한 계를 이용해서 돈을 불리고 목돈을 만들곤 했다. 하지만 문제는 계를 조직한 계주가 돈을 챙겨 야반도주하는 일이 많다는 것이었다. 계주가 사라져 돈을 떼이거나 계가 깨져도 어디에 하소연할 수 없었다. 계가 깨져서 자살을 하는 사람들이 성당에 여럿 생길 정도였다.

결국 맥그린치 신부는 신협의 필요성을 절감했다. 섬사람들을 옥죄는 가난이라는 거대한 운명에 신협으로 맞서겠다고 결심했다. 영혼의 가난을 구제하려던 신부는 물질적인 가난에서도 구출하겠다고 마음 먹었다.

그는 한국에 신협을 뿌리내린 부산의 메리 가브리엘라 수녀에게 신협 운동 강습회를 받을 수 있게 해달라고 간곡하게 요청했다. 가난한 제주 사람들의 이야기를 하며 이들에게 도움이 되고 싶다는 맥그린치 신부의 간절한 마음은, 누구보다 한국인을 사랑하는 메리 가브리엘라 수녀의 마음을 울렸다.

협동조합 강습을 마친 맥그린치 신부는 신협에 대한 비전을 마음에 품고 제주로 돌아갔다. 그리고 마침내 1962년, 제주에 신협을 설립했다. 이렇게 설립한 한림신협은 한국의 4번째 신협이자 제주도의 첫 번째 신협으로 기록된다. 일시적인 구제가 아니라 스스로 노력하는 '자립의 길'이 필요하다고 생각했던 맥그린치 신부의 소망은 이렇게 결실을 보았다. 그리고 신협에서는 서민들에게 무담보로 대출을 해주며 가난한 삶에 희망을 주려 했다.

하지만 한림신협은 시작부터 힘에 부쳤다. 교구의 신자들이 조합원이 되어 신협을 설립했으나, 신자들이 워낙 가난해 신협에 맡길 돈이 없었다. 게다가 조합원의 수가 너무 적어 한 사람이 100원, 200원을 저축하는 것으로는 대출해줄 만큼의 목돈이 되지 않았다.

조합원만 되면 돈을 빌릴 수 있을 거라는 말에 조합원이 되었던 신자들은 대출이 되지 않자, 맥그린치 신부가 거짓말을 했다며 오히려 원망이 커졌다. 이런 사태에 이르자 그는 조합원의 확대를 구상한다. 마을 주민들로 조합원을 확장하며 신협의 규모를 키운 것이다. 그 결과 신협을 설립한 지 6년 만에 조합원 수와 자산이 늘어나, 비로소 대한민국 네 번째 신협이 제주에 성공적으로 뿌리를 내리는 기적을 이루었다.

한림신협에서 돈을 빌려 장사를 하고, 자녀들의 등록금을 내고, 관혼상제에 필요한 돈을 대출받아 큰일을 치른 조합원이 생기면서 신협의 소중함을 몸소 깨닫는 조합원이 늘었다. 농민들은 안심하고 돈을 맡겼고 낮은 금리로 돈을 빌렸다. 저금리로 대출을 받을 수 있게 되자, 농축산업을 시작하는 농민들이 하나둘 생겨났고, 한림신협은 이들의 성공을 돕는 조력자가 되었다.

한림신협이 성공을 거두자, 제주도 곳곳에서 신협 운동이 불꽃처럼 일었다. 제주도의 신협은 제주도민들의 행복한 내일을 설계하는 든든한 지원자가 되었다.

이제 제주도는 부자 섬이 되었고 휴양지가 되었다. 그리고 맥그린치 신부는 제주 사람들을 위해 헌신한 점을 인정받아 1973년 제주도 명예 도민이 되었고 제주 사람들의 자립을 도운 점을 높이 사 1975년 막사이사이상을 받았다. 맥그린치 신부가 산파가 되어 탄생시킨 제주의 신협은 현재 50여 개로 성장했으며 20만 명 이상이 조합원으로 참여하고 있다.

신용협동조합과 신협 운동

신용협동조합은 도시의 서민·농어민·근로자 등 경제적·사회적으로 어려운 사람들이 자조·자립·협동 정신을 바탕으로 이를 해결하기 위해 자발적으로 모인 조직체다. 근검절약으로 자금을 모아 간편하고 신속하게 대출해줌으로써 영세 서민층의 재산 형성을 지원하는 것이 기본 기능이다. 나아가 교육 활동을 통해 국민의식을 계발하고, 농산물 직거래 등의 유통사업에서 얻은 이익금과 잉여금 일부 등을 사회에 환원해 지역사회 개발을 돕는 것도 근본적인 역할이다. 신협은 이를 통해 국민 경제 발전, 건전한 국민정신 함양, 지역사회개발 등을 실현하는 비영리 협동조합이다.

신협의 설립은 공동유대가 있는 사람들이 자발적인 구성원이 되어 조직되는 것이 특징이다. 따라서 모든 신협은 일정한 지역이나 직장, 단체 등을 중심으로 운영된다. 신협의 조직은 소정의 교육을 받고 발기인 총회를 여는 등 일정한 절차를 거쳐 법인 인가를 받은 다음 법원에 등기하면 독립법인으로서 운영된다. 신협은 신협 법에 근거해 운영되고 법에 따라 지도와 감독도 받음으로써 공신력을 얻고 있다.

신협 운동은 구성원들이 자발적으로 모여 공동 경제활동을 통해 스스로 복리와 사회적 지위를 향상하는 민주적 민간 협동조직으로, 자조 · 자립 · 협동 정신으로 복지사회를 건설하는 것을 목표로 삼고 있다. 이를 위해 신협 운동은 크게 3가지의 기본 활동을 수행하고 있다.

- **잘살기 위한 경제 운동** : 신협 운동은 조합원 생활과 직결되는 협동 경제를 지향한다. 신협 운동은 이를 위해 검약과 근면의 생활을 실천하며, 저축의 생활화를 통해 조합원 개개인의 경제적 자립을 이룩하고, 나아가 건실한 중산층 형성에 기여하기 위한 활동이다.

- **사회를 밝힐 교육 운동** : 신협 운동은 건전한 국민정신 함양을 위한 성인교육 활동에도 노력하고 있다. 생활경제에 관한 지식 함양과 협동의식의 생활화를 통해 긍정적이고 희망을 품는 생활관 확립, 확고한 국가관을 가진 국민을 양성하는 활동도 신협 운동의 근간이다.

- **더불어 사는 윤리 운동** : 신협 운동은 협동사회 구현을 위한 상부상조 활동을 중요하게 생각한다. 조합원 간의 유대의식 고취를 통해 신뢰하는 사회풍토를 조성하고, 협동의 생활화로 공동체 의식을 강화하며, 이웃과 더불어 사는 아름다운 사회를 건설하는 것은 신협 운동의 또 다른 핵심 활동이다.

김대중, 노무현 전 대통령이
신협을
믿었던 이유

김대중 전 대통령은 초등학교 교과과정에 신협 운동을 편입하여 신협 교육을 어릴 때부터 실시해야 한다는 교육철학을 밝히며, 신협 운동의 중요성을 강조하곤 했다. 또 신협 운동은 상부상조의 정신으로 돈이 있는 사람이 신협에 예금하고 돈이 필요한 사람은 신협에서 대출을 받아 모두에게 이익이 되는 사회가 되어야 한다고 주장했다. 김 전 대통령은 어려서부터 저축심을 길러주고 서로 협동하고 상부상조하는 신협 정신을 길러주는 것이야말로, 어린이들의 인성함양에 도움이 될 것이라 믿었다.

"서민 대중의 권익을 지키는 구심점 돼 달라"

"우리가 신협을 존경하고 사랑하고 높이 평가하는 것은 결코, 부당

한 것이 아닙니다. 신협은 1960년 이후 이 나라 경제발전 과정에서 국가도 사회도 큰 관심을 두지 않던 수많은 농민, 노동자, 도시 서민 등 소외된 사람들의 편에 서서 그들의 경제를 감싸고 삶에 희망을 주며 헌신했습니다.

지금은 민주화가 되고 있고 누구나 소외된 대중들에게 부를 나눠 줘야 한다고 말을 하고 심지어 대통령도 그렇게 말하고 또 정부의 많은 정책도 그런 빛을 보입니다.

그러나 그간은 경제 성장은 되고 있지만, 소수에게 부가 집중돼서 다수의 서민이 절망과 분노를 느끼고 있을 때 신협은 비록 작은 힘이라고 하더라도 그들 편에 서서 그들을 위로하고 격려하고 희망을 주었던 것입니다.

어떤 사회가 발전하는 데 있어 가장 중요한 것은 반드시 국민이 호의호식하고 배불리 사는 것만은 아닙니다. 그 사회 국민이 희망을 품게 되고 '내일은 오늘보다 더 좋아질 수 있다, 내가 지금 비록 이렇게 고통스러운 처지에 있지만 나를 버리지 않는 사람들이 있다, 내 옆에 같이 손잡고 나가는 힘이 있다.'라고 느낄 때 그 사회가 건전하게 나가는 것을 여러분도 잘 아실 것입니다.

......

신협은 권력이나 큰 힘의 지원을 받고 한 게 아니라, 스스로 내 운명은 내가 결정하겠다는 마음으로 똘똘 뭉쳐 어려운 사람끼리 협동하는 자립, 자조, 협력의 정신으로 이 자리까지 섰습니다. 이것은 우리나라 모든 사회조직이 나가야 할 모범이라고 저는 생각하고 있습니다. 또한 많은 종류의 협동조합이 있는데 신협만큼 민주적으로 운영되는 조합이 없습니다. 이런 의미에서 신협은 민주적 협동조합 운동의 모범이요, 선구자였다고 생각합니다.

- 1989년 신협연합회 설립 25주년 및 제16차 정기대의원 총회에 참석했던

김대중 전 대통령(당시 평화민주당 총재)의 축사

"서민이 소외당하지 않고 편안하고 안전하게 꿈을 이루는 곳"

"저는 가난한 농민의 아들로 태어나 지난 반 년간 서민과 애환을 함께했습니다. 그래서 누구보다 서민의 생활을 잘 압니다. 중산층과 서민들이 소외당하지 않고 편안하고 안전하게 꿈을 이루어갈 수 있는 나라가 잘 사는 곳입니다. 신협은 바로 경제적으로 약자인 서민들의 꿈을 소중하게 여기고 그들의 꿈을 실현하기 위해 존재합니다. 진정한 보통사람들의 십시일반 상부상조 정신이 바로 신협의 정신입니다.

저는 항상 강조해왔습니다. 평범한 우리 이웃의 꿈을 앗아가고 허탈하게 만드는 권위주의와 특권주의의 낡은 유산을 청산하여, 진정한 보통사람들이 안심하고 신나게 살 수 있는 나라를 만들겠습니다.

평범한 우리 이웃들이 행복해지는 것이 바로 신협 정신이 구현되는 것입니다. IMF 금융위기 이후 많은 신협이 문을 닫는 어려움도

겪었습니다만 이제는 모든 신협이 더욱 효율적이고 건실한 모습으로 다시 태어나는 저력을 보입니다. 이제 신협인들이 더욱 자긍심을 가지고 이 땅의 서민경제를 위해 더욱 매진하여 주시길 바라는 마음 간절합니다. 저도 신협의 건전한 발전을 위해 투명하고 공정한 경제 제도 마련을 통해 열심히 돕겠습니다.

- 〈2002년 전국 신협인 한마음 대회〉에 참석한

노무현 전 대통령(당시 새천년민주당 대표)의 축사 중

2010년은 신협이 설립된 지 50주년이 된 때고, 지난 50년간 서민경제발전에 이바지한 공로를 인정받아, 대통령 표창장을 받은 해로 기록된다. 지난 반세기 동안 신협 운동을 통해 사회경제적 약자의 지위를 향상하고 서민경제 동반자의 역할을 훌륭하게 수행해온 신협은 설립 50주년에 대통령상 포상을 받으며 그 위상을 더 널리 알리기도 했다.

철저하게 이익을
지역사회에
환원하다

신협의 가장 큰 장점이자 특징은 이익을 지역사회에 환원한다는 것이다. 근검과 절약, 저축을 장려하는 신협은 예탁금에 비과세 혜택을 주어 서민의 재산 형성에 도움을 준다. 이밖에도 소상공인 지원 대출, 햇살론 등 각종 서민금융 상품을 공급함으로써 서민들의 금융서비스 이용을 돕고 있다.

신협은 조합원의 사회경제적 지위 향상과 이익의 지역사회 환원을 목적으로 한다. 그러므로 이윤 극대화를 위한 경영전략의 수단으로 사회공헌에 접근하는 영리기업과 달리, 가치 지향점이 지역사회 발전이라는 점에서 구별된다. 특히 신협은 공동유대를 중심으로 지역밀착경영을 전개하면서 해당 지역의 사회적 필요에 부합하는 맞춤형 사회공헌 활동을 실천해왔다.

전국의 신협은 사회복지사업을 통해 보육시설 운영과 지원, 노인 ·

장애인 복지시설 운영과 지원 등의 활동을 전개하고 있으며, 지역경제의 활성화를 위한 유통·공동구매·장의업 등 지역사회개발사업을 하고 있다. 문화 후생 사업으로는 생활체육 시설·편의시설 등을 운영하거나 문화예술행사를 개최하거나 지원해서 조합원의 문화적 소양 증진에도 제 몫을 다하고 있다. 환경보전의 하나로 재활용품 수거 캠페인, 무공해 비누 공급 사업, 도로 환경정화 캠페인 등을 전개하기도 하며 교육·장학 사업으로 청소년을 위한 장학금 지원사업, 독서실 운영, 주부·노인대학 운영, 조합원 교육사업 등을 펼치고 있다.

1972년 신협 법이 제정된 이후, 신협은 공동유대를 중심으로 다양한 복지사업을 통해 지역사회의 발전을 도모했다. 특히 2011년 글로벌 금융위기의 여파로 찾아온 극심한 경기침체와 열악한 금융환경에도 불구하고 신협은 당시로써 사상 최대 규모인 356억 원을 지역사회에 환원하며 나눔을 불꽃을 키웠다. 그뿐만 아니라 같은 해, 신협 임직원 봉사단인 '신협 두손모아봉사단'을 발족하여 그동안 조합 단위로 이루어지던 임직원 봉사 활동을 체계화하고 예산을 지원하는 등 적극적인 사회공헌 활동을 펼쳤다. 이듬해 2012년에는 신협중앙회에 사회공헌 전담 부서가 설치되어 신협의 사회공헌이 더욱 체계적으로 추진될 수 있는 기반이 마련되었다. 2013년 11월 5일에는 전국 15개 지역 두손모아 단장, 중앙회 임원과 조합 임직원이 함께 모여 '신협 사회공원 헌장'을 발표했다. 이후에도 전국 신협의 사회공헌 규모는 점차 확대되어 2016년도 12월 말 기준, 전국 904개의 신협이 약 467억 원을 지역사회에 환원했다.

금융에 사랑을
더하는 방법에
몰두하다

신협은 금융을 담당하고 있지만 지역사회와 사람들에게 꼭 필요한 다양한 사업도 진행하고 있다. 지역별 맞춤 서비스인 셈이다.

삼익신협＋어린이집

삼익신협은 신협 운동의 3대 과제인 '잘살기 위한 경제 운동', '사회를 밝게 밝힐 교육 운동', '더불어 사는 윤리 운동'을 실천하기 위하여, 비영리 특별법인 삼익신협 어린이집을 운영하고 있다. 삼익신협은 여성의 사회 활동 증가와 핵가족화로 가정 내의 양육 기능이 약화하는 사회현상에 적극적으로 대처하고 지역민의 복지 증진을 위한 공익활동으로, 1996년 11월에 삼익신협 어린이집의 문을 열었다. 이와 같은 복지사업을 통해 지역민들에게 신협을 홍보하고 친밀감을 조성하게 된다. 아울러 어린이집은 지역민에게 편의를 제공하는 기능을 하며 자연스럽게 삼익신협을 알릴뿐만 아니라, 어린이집을 이용하는 유아들을 미래의 조합원으로 유도하는 데도 일조하고 있다.

운산신협＋재가요양시설

신협의 존재가치를 공고히 하고 지역민들과 더불어 호흡할 수 있는 방법을 고민하던 운산신협은 노인장기요양보험제도를 활용한 사업을 찾았다. 운산신협이 자리 잡은 농촌 지역은 청장년층보다 노령인구가 대다수를 차지하며, 대부분 독거노인이 많아 지병이 악화하여도 스스로 해결하지 못하는 상황이 자주 발생했다. 운산신협에서는 이 같은 지역민의 특징을 고려한 현실적인 복지혜택이 필요하다고 판단하고 재가요양센터를 운영하기 시작했다. 이를 이용한 주민들의 만족도는 매우 높다.

남춘천신협＋문화센터와 도서관

남춘천신협은 문화센터와 도서관을 운영하며 조합원과 지역 주민들이 함께 성장하는 방안을 모색하고 있다. 1999년 8월, 사회교육법이 평생교육법으로 개정되면서 교육에 대한 국민적인 관심이 늘어나며 사교육 시장이 과열되었다. 자연스럽게 학부모들의 부담이 늘어났고 남춘천신협 인근의 지역 주민들도 사교육에 대한 부담이 컸다. 남춘천 신협은 이익을 지역사회에 환원한다는 원칙에 따라, 지역 주민들에게 다양한 교육 혜택을 제공하기 위하여 무료도서관 및 문화센터를 개관 했다. 한편 조합원 가입 시 추가혜택을 부여해 조합원 가입이 늘어나는 등 조합의 성장과 긍정적인 이미지 제고에 이바지했다. 남춘천신협의 문화센터와 도서관 운영은 신용사업뿐 아니라 다양한 분야에 걸쳐 성장해 나가는 협동조합의 이미지를 널리 알리는 데 도움이 되었다.

사상신협＋스포츠센터

사상신협에서는 조합원의 복지증대 및 지역사회로의 환원, 수익구조의 다변화를 통한 다양한 복지사업을 하고 있다. 실내골프장과 헬스장 등, 스포츠센터를 운영하며 지역 주민과 조합원의 건강증진에 관심을 기울인다. 스포츠센터는 거래 조합원들에게는 각종 할인 혜택을 제공하는 등 젊은층과 다양한 연령층의 고객과 함께한다. 스포츠센터를 통해 조합원과 더욱 밀착된 관계를 맺게 되었다.

양구신협 + 목욕탕

다른 도시에 비해 열악한 지역에 있는 양구신협은 지역민들의 실생활에 도움이 되는 문화시설이 필요했다. 양구에는 공동유대 내에 목욕탕이 3곳이 있으나, 시설이 낙후된 편이라 지역민들의 불만이 많았다. 이에 조합원들에 대한 후생복지향상을 위한 목적으로 사우나 시설을 운영하기로 했다. 또한 양구 인근은 전형적인 군사도시로 주말에는 국군장병의 수요가 크기 때문에 목욕탕 복지사업이 조합의 수익개선에 크게 이바지할 것이라는 이유도 있었다. 이 같은 복지사업을 통해 전국에서 온 군 장병에게 신협의 정신을 알리고 있다.

표선신협 + 빨래방

표선신협은 전형적인 농촌에 자리 잡고 있어 지역민들의 생활편의 시설이 부족한 편이었다. 이 같은 지역사정을 생각하여 셀프 빨래방 등의 복지사업을 하여 주민들의 생활을 편리하게 하는 데 도움을 주고 있다. 빨래방은 이 지역의 주민들에게 꼭 필요한 사업이었다. 초기에는 손실이 있어도 신협에서는 지역 주민에게 도움이 되는 일을 한다는 기쁨을 누리고 있다. 표선신협의 빨래방은 지역 주민과 공동체를 건설하는 데 있어서 소통의 장으로 활용되고 있다.

예수병원신협＋편의점

예수병원신협은 병원 내의 환자와 방문객을 위한 편의시설인 편의점을 운영하고 있다. 조합원과 병원의 내원객에게 병원 이용에 필요한 생활필수품과 간편 조리 식품, 음료 등 필요한 물품을 한 번에 구매할 수 있는 쾌적한 편의 공간을 제공하는 한편, 이용객들의 편의 및 휴식공간을 제공한다. 편의점 운영을 통해 얻은 이익은 조합원들에게 환원하여 조합원의 삶의 질 향상에 이바지하고 있다. 이처럼 복지사업을 통해 창출된 수익은 본인과 자녀의 결혼, 양가 부모님의 회갑, 본인과 자녀의 사망 등 조합원의 경조사에 경조비를 지원하고, 조합원 자녀의 중, 고등학교와 대학교 입학 축하금을 지원하는 데 사용되어 조합원들의 가족까지 품고 있다.

달구벌신협＋커피숍

달구벌신협은 조합에서 직접 커피숍을 운영한다. 조합에서 직접 운영하는 커피숍은 프랜차이즈 커피숍보다 저렴한 가격으로 제공하는 한편, 바리스타 교육반을 운영하는 등 조합원들에게 다양한 교육 혜택의 가능성을 높이고 있다. 삶의 질 향상에 따라 소비자 욕구가 다양화되고 커피를 마시는 것뿐만 아니라 커피문화가 정착되고 있는 현실에서, 조합원들에게 양질의 커피를 제공함과 동시에 모임의 장소를 제공하고 궁극적으로 조합원과 지역사회 주민들의 문화생활 영위에도 도움을 주고 있다. 달구벌신협에서 발급하는 체크카드를 이용할 때는 할인을 해줌으로써 조합원들에게 혜택도 주고 있다. 조합원들은 조합에서 운영하는 자체 바리스타 교육에 참여할 수도 있어 핸드드립, 라테 아트 등을 배우는 등 문화 욕구를 충족하고 있다.

서천신협 + 장례식장

———

많은 이가 장례식장의 문제를 인식하고 있다. 일부 장례식장의 부당 요금, 노잣돈 요구 등 불공정거래 관행이 만연한 이때, 서천신협의 조합원들은 이런 걱정을 덜었다. 서천신협에서 조합원에게 혜택을 주기 위한 새로운 복지사업을 개발했기 때문이다. 서천신협은 서해병원 내의 장례식장을 임대해 운영하며 거래 조합원에게 각종 할인 혜택을 제공한다. 그리고 저렴한 가격으로 쾌적한 환경 속에서 품격 있는 장례 서비스를 이용하도록 하고 있다.

구로신협 + 우편취급소

———

구로신협은 조합 인근에 우체국이 없어 조합원과 지역민들이 우체국 서비스를 이용하는 데 불편이 컸다. 이를 해소하기 위하여 우편취급소를 운영하고 있다. 조합원과 지역 주민, 예비조합원들에게 우편 서비스를 제공하며 이를 통해 젊은 조합원과 법인 거래처 등 예비조합원에게 한 발 더 가까이 다가서고 있다.

미소신협 + 주말농장

미소신협은 대도시와 중소도시의 변두리 휴경지를 활용하여 조합원에게 소규모 농작지를 제공하는 복지사업을 운영하고 있다. 조합원은 주말농장을 직접 운영하며 땅의 소중함을 깨닫고 나아가 조합과의 유대관계를 강화한다. 주말농장은 단순한 수익사업이 아닌 지원사업이다. 이와 같은 호혜사업으로 미소신협은 조합의 지역밀착형 금융기관 이미지를 높이고 조합원의 생활복지 향상에도 기여한다. 미소신협은 주말농장 사업을 활용해 인근 금융기관과 차별화된 서비스를 제공하며 농작지를 분양할 때 출자금 및 조합원 등급별 우선순위를 부여하는 등 조합원에게 혜택을 주고 있다. 아울러 농산물을 직접 재배하는 등 다양한 체험활동을 통해 조합원의 생활복지 향상에도 이바지한다.

칠금신협 + 농자재마트

지역의 특성상 거래 조합원의 대부분이 농업에 종사하고 있는 칠금

신협은 개별적으로 영농 자재 수급을 감당하기 어려운 지역민들에게 도움을 주고자 농자재상점 복지사업을 하게 되었다. 조합원에게는 영농에 필요한 물품을 저렴한 가격과 양질의 서비스로 공급함으로써 지역의 발전과 복지사회 건설에 이바지한다. 조합원에게는 양질의 영농 물품을 최적 가격으로 공급함과 동시에 영농지식을 전달하며 이를 통해 조합원 교류의 장을 마련하기도 한다. 또한 작목반 판매대금의 지급 대리업무 등도 실시하며 다양한 서비스를 제공하고 있다.

완도 제일신협+공동구매 및 판매사업

완도 제일신협에서는 완도에서 생산되는 특산품을 전국에 안정적으로 판매하여 지역민들의 소득을 높이는 데 이바지하고자 공동구매, 공동판매 사업을 시행하고 있다. 완도 지역에서 생산되는 미역의 대외 수출이 감소하며 지역에서 생산되는 미역의 판매를 국내 소비로 전환, 지역경제 활성화에 도움이 되고자 실시하게 되었다. 조합원의 복지를 증대하고 지역사회에 환원하는 등 수익구조의 다변화를 꾀하고 있다. 또한 다양한 복지사업으로 조합원의 안정적인 판로 개척 및 조합의 수익창출에 이바지한다.

신협의
원천은
나눔에 있다

〈로마의 휴일〉, 〈티파니에서 아침을〉 등 주옥같은 영화의 주인공으로 세계적인 스타가 된 오드리 헵번. 빼어난 미모와 연기력으로 만인의 사랑을 받았지만, 그녀는 아름다움을 넘어선 사람이었다. 그 이유는 노블레스 오블리주를 실천한 여배우였기 때문이다. '한 손은 자신을 돕기 위해, 나머지 한 손은 다른 사람을 돕기 위해.' 지인의 권유로 1988년부터 유니세프 친선대사로 활약한 오드리 헵번은 늘 이 말을 입에 달고 살았다고 한다. 그녀는 에티오피아, 수단, 베트남 등 20여 개국 이상을 돌아다니며 구호 활동을 펼쳤다.

도움이 필요한 곳이면 어디든 달려간 그녀의 보수는 1년에 단 1달러. 하지만 그녀에게 그 1달러는 나눔의 기쁨이 담긴 세상 가장 행복하고 고마운 돈이었다. 대장암을 판정받고 투병을 하면서도 세상을 떠나기 석 달 전까지 구호 활동에 매진했다. 그녀가 유언처럼 세상에 남긴 말이 있다. 눈을 감기 1년 전쯤 자녀들에게 들려준 샘 레빈슨Sam Levenson의 시다.

> 사랑스러운 눈을 갖고 싶으면 사람들에게서 좋은 점을 보아라. 아름다운 입술을 갖고 싶으면 친절한 말을 하라. 날씬한 몸매를 갖고 싶으면 너의 음식을 배고픈 사람과 나누어라. 아름다운 머리카락을 갖고 싶으면 하루에 한 번 어린이가 손가락으로 너의 머리를 쓰다듬게 하라.
> 사람들은 상처로부터 치유되어야 하며 낡은 것으로부터 새로워져야 하고 병으로부터 회복되어야 하고 무지함으로부터 교화되어야 하며 고통으로부터 구원받고 또 구원받아야 한다. 결코, 누구도 버려서는 안 된다.
> 기억하라!
> 만약 내가 도움을 줄 손이 필요하다면 너의 팔 끝에 있는 손을 이용하면 된다. 네가 더 나이가 들면 손이 두 개라는 것을 발견하게 될 것이다. 한 손은 너 자신을 돕는 손이고 다른 한 손은 다른 사람들을 돕는 손이다.

이 문장은 신협의 걸어온 역사를 고스란히 내포하고 있는 것이기도 하다. 서민들의 자립을 위해, 그리고 다른 사람들을 위해 손을 내밀고 조합원들은 자신을 돕기 위해 스스로 일어서며, 그 자립의 힘으로 이웃을 도와 나눔과 상생의 공동체를 만들어오지 않았던가! 신협은 한

▌나 혼자가 아닌 함께 잘사는 것은 신협 운동의 가치고 신협이 존재하는 이유이기도 하다.

손은 자신을 돕고 나머지 한 손은 다른 사람을 도우며 이웃과 나누면 커지는 상생의 신비한 기적을 체험하고 있다.

신협의 조합원 중에는 유난히 나눔을 실천하는 이들이 많다. 그 이유는 신협의 정신에 기인한다. 신협의 가치를 대표하는 것이 바로 '상생'이다. 나 혼자 잘사는 것이 아니라, 함께 행복한 것이 신협 운동의 기틀이다. 인간 중심, 조합원 중심의 철학을 바탕으로 믿음과 나눔의 가치를 통해 모두 함께 행복한 사회를 꿈꾼다.

지금까지 우리는 경제 성장만을 목표로 해서는 함께 행복하게 살아갈 수 없다는 사실을 깨달았다. 경제전문가들조차도 미래에는 사람을 우선하는 경제체제가 필요하다고 말한다. 모두 함께 행복하게 살 수 있는 건강한 사회를 건설하기 위해 우리는 어떻게 해야 할 것인가. '함께 잘 사는, 상생의 삶'에 해답이 있다. 신협의 역사와 상생의 가치는 뗄 수 없는 관계다.

많은 이가 추구하는 이상적인 삶의 형태인 상생의 가치를 신협이 실천하고 있다. 신협은 지역과 공동체를 연결하여 발전적이며 지속 가능한 생태계를 만들어가는 중이다. 유엔이 2012년을 '협동조합의 해'로 정한 것도, 우리 정부가 협동조합기본법을 제정하며 협동조합의 육성에 힘쓰고 있는 이유도 바로 여기에 있다. 협동조합이야말로 21세기 화합과 조화, 상생의 삶을 이루는 중요한 틀이 되기 때문이다.

어려운 이들이 힘을 모아 스스로 일어서고 이웃을 위해 마음을 합하는 곳, 신협에는 나누면 커지는 방법을 아는 이들이 조합원이 되어 함께 살아간다. 양극화 시대의 대안이 된 신협은 협동조합 조직의 가치를 국민에게 알려 서민들의 금융 동반자로 사회적 역할을 확산시켜 나가고 있다. 신협의 이러한 상생 정신은 지역경제 활성화의 견인차 구실을 하며, 다른 한편으로는 서로 돕고 나누는 '나눔' 운동에도 이바지한다.

"협력이라고 하는 것은 자신의 경쟁력을 나눠서 더 큰 경쟁력을 만드는 과정이라고 생각해요. 지금과 같은 시대에 배타적 경쟁보다는 협력을 통한 경쟁이 오히려 더 큰 경쟁력을 가질 수 있다고 생각합니다. 협동을 통한 경제가 경쟁력이 낮은 경제가 아니고 오히려 더 높은 경쟁력을 만들 수 있다고 생각합니다."

-김종현(사회적 기업 대표)

전국의 신협인들은 어둡고 그늘진 곳에 햇살 같은 역할을 실천하고 자 2014년 10월 14일 창립총회를 개최하고 신협 사회공헌재단을 설립했다.

사회적 협동조합의 형태로 설립된 재단은 별도의 수익모델 없이 온전히 구성원들의 자발적인 기부금을 재원으로 운영하는 대한민국 최초의 기부협동조합으로 취약계층에 대한 사회복지 서비스 지원, 지역민의 복리 증진 및 지역사회 당면 문제 해결, 타 협동조합 및 사회적 경제조직의 활성화 지원사업 등을 추진하고 있다.

2015년 12월, 약 29억 원이던 신협 사회공헌재단의 기부금은 2016년 12월 말 기준 58억 원을 돌파하며 신협을 대표하는 사회공헌 법인으로 성공적인 자리매김을 하고 있다. 현재 전체 신협 임직원 10,770명 중 약 80%가 매월 기부하는 정기 기부자고, 이중 약 2,700여 명이 신협 사회공헌재단에 조합원으로 참가하고 있다. 이렇듯 재단은 전국의 신협과 임직원을 중심으로 기부와 나눔 문화를 확산시키는 데 노력하고 있다.

모두 잘사는 사회를 위한
3대 사업을
펼치다

신협 사회공헌재단은 신협 임직원들이 십시일반 기부한 성금을 통해 더불어 잘 사는 사회를 만들기 위한 신협 운동의 3대 실천과제를 주요 사업으로 추진하고 있다.

첫째, '잘살기 위한 경제 운동'의 하나로 취약계층의 자립을 돕는 자활 지원프로그램 등을 실시한다. 신협 자활지원 금융프로그램은 저신용자 등 금융 취약계층을 대상으로 소액대출을 제공하거나, 맞춤형 적금상품을 통해 자산형성의 기회를 제공한다. 또한 자활환경 조성을 위해 신협의 실손의료비 보험료도 신협 사회공헌재단이 부담하고, 약 1~2년의 자활금융 프로그램에 성공적으로 참여하면 소정의 자립축하금을 지원함으로써 취약계층의 실질적 자활유도를 목표로 한다. 제1기 프로그램을 시범 운영한 결과 총 70건을 취급하였으며, 재단은 사업 보완 후, 신협의 금융서비스를 연계한 취약계층의 자활 지원을 확대해 나갈 예정이다.

다음으로 잘살기 위한 경제 운동을 위해 재단에서는 협동조합 활성화 지원사업을 추진하고 있다. 대표적으로 기획재정부 주관 2016 청년 협동조합 창업공모전 사업 운영에 참여하여, 청년들의 협동조합 창업을 지원하고 있다. 청년실업을 비롯한 자본주의적 경제체제의 폐해가 날로 심각해지는 요즘, 청년들에게 소자본 창업이 가능한 협동조합 창업을 지원함으로써 협동조합에 대한 관심도를 높이고, 우수 비즈니스모델을 발굴하고자 하는 것이 사업의 추진배경이다.

신협 사회공헌재단은 본 사업에 사회적기업진흥원과 공동으로 참여하여 사전간담회, 사전워크숍, 심사위원회 및 공개오디션에 참여했다. 공개오디션을 통해 총 87개의 팀 가운데 고용창출성, 사업모델 적합도 등을 기준으로 총 12개 팀이 입상했다. 이들 팀은 북서울신협, 아이쿱생협, 해피브릿지, 자바르떼 등 선배협동조합 협력기관의 인큐베이팅과 컨설팅을 받아 최종적으로 9개 팀이 문화예술, 교육, 예술 등 다양한 분야에서 실제 사업화에 성공할 수 있었다. 신협 사회공헌재단은 지난 2016년 12월 1일에 개최된 청년 협동조합 1기 창업발대식에서 총 3개 우수 팀에 각 1천만 원의 사업화 자금과 상장을 수여했다. 이들 협동조합은 팀별로 평균 8명의 일자리를 창출하여 타 창업지원사업에 비해 높은 성과를 얻었으며, 많은 청년에게 협동조합의 가치와 사업의 유용성에 대해 널리 알리는 효과를 거두었다.

재단일 뿐만 아니라 기획재정부 사회서비스 분야 협동조합 표준모델개발에 사업자로 참여하여, 대전에 있는 2곳의 사회서비스 분야 협동조합에 대한 업무지도, 재정후원 등을 통해 지역 내 사회서비스 분야 협동조합 활성화의 기반을 구축했다. 아울러 서울지역협동조합협의회와의 협력을 통해 후발 신생협동조합에 대한 경영 상담 및 컨설팅을 제공하는 신협 쿱 경영코치단을 2016년 하반기 시범 운영하여 소규모 협동조합의 성장발전을 지원하는 등, 건강한 협동조합 생태계 육성에 다방면으로 이바지했다. 협동조합 활성화 및 협동사회를 위한 재단의 이러한 노력의 결과로 2016년 12월 31일, 신협 사회공헌재단은 유일호 부총리(겸 기획재정부 장관)로부터 표창을 받기도 했다.

둘째, '사회를 밝힐 교육 운동'의 하나로 지역아동센터 어린이들에게 협동의 가치와 금융교육을 전하는 신협 협동경제 멘토링 사업을 진행하고 있다. 총 80개 신협과 지역아동센터가 결연하고, 전국 신협의 임직원들이 아동센터 아이들의 든든한 동반자가 되어, 다양한 추억을 만들고, 새로운 사회적 관계망을 형성함으로써 멘토-멘티의 동반성장을 이뤄주는 프로그램이다. 또한 비영리 교육단체인 '아름다운 서당'과 연계하여 영리더스아카데미를 운영한다. 풍부한 인문학적 경륜을 갖춘 교수 등 시니어들의 멘토링 프로그램을 통해 대학생들의 사회진출도 지원하고 있다. 2016년에는 전주 파티마신협과 함께 전북지역 대학생을 대상으로 프로그램을 운영하여 독서토론, 명사특강 등 다양한 가치를 지향하는 교육기회를 제공함으로써 청년 학생들의 진로 모색과 인생 설계에 이바지했다.

이와 함께 청소년을 대상으로 하는 신협 협동경제 청소년 캠프도 운영하고 있다. 부모와 자녀가 함께 참여하는 2박 3일 리더십 교육과정으로 협동훈련, 협동조합론 및 봉사와 나눔의 가치를 함양할 수 있도록 신협연수원 교수진과 외부 전문강사가 교육을 진행한다. 신협 사회공헌재단은 아동 대상(협동경제 멘토링), 청소년 대상(청소년 협동경제 캠프), 대학생 대상(대학생 아카데미) 등 내실 있는 맞춤형 교육사업을 전개함으로써 사회를 밝히기 위한 교육 운동을 적극적으로 실천해 가고 있다.

셋째, '더불어 사는 윤리 운동'을 실천하기 위해 재단에서는 자선사업과 구호사업을 펼치고 있다. 더불어 사는 윤리 운동이란 이웃 구성원과 연대의식을 공유하고, 서로를 위해 배려하고 양보함으로써 공동체 의식을 가진다는 것을 뜻한다. 신협은 2015년부터 매년 10~11월에 전국의 임직원과 조합원이 참여하는 '신협 온溫 세상 나눔 캠페인'을 전개해오고 있다. 2016년에는 총 210개 신협, 3,800여 명의 임직원과 조합원이 참여하여 총 4,344개의 취약가정에 연탄 20만 장과 방한 텐트, 단열재를 전달했으며 쌀 나누기, 김장 나누기, 사랑의 집수리 등 차갑게 얼어있는 사회 구석구석에 신협의 온기를 나누었다. 이와 함께 2013년부터 헌혈캠페인을 전개해 지난 4년간 임직원들이 헌혈증 총 9,200매를 후원해 2017년에는 1만 매를 기부할 예정이다.

더불어 사는 공동체를 만들기 위한 윤리 운동은 의료봉사로도 확대됐다. 신협 사회공헌재단은 2014년부터 26회의 의료봉사 활동을 통해 전국 각지의 의료 취약계층 11,639명에게 의료서비스를 제공했다.

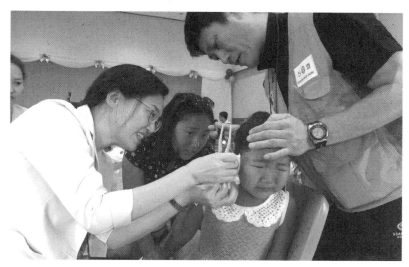
┃ 신협은 공동유대를 중심으로 다양한 복지사업을 진행하는데, 그 지역 특성에 맞고 필요한 맞춤형 나눔을 실천하고 있다.

신협은 국내뿐 아니라 필리핀과 몽골까지 해외 의료봉사 활동을 하며 나눔의 정신을 세계에 전파하고 있다. 2014년 태풍피해를 당한 필리핀 타클로반에 이어 2015년에는 몽골의 빈민촌인 바야호쇼구에서 의료봉사 활동을 했다. 2016년에는 지진피해를 본 네팔에 의료봉사단을 파견, 4,449명의 지역민을 대상으로 백신 접종을 비롯한 다양한 의료서비스를 제공했다. 의료봉사 활동과 함께 지진 피해를 본 아이티의 재건을 위해 성금 1만 달러(2011년), 홍수 피해를 입은 태국에 성금 2천 달러(2011년), 필리핀 태풍피해 복구에 2천만 원(2015년), 네팔 지진피해 복구지원에 한화 1억 원 상당의 물품 지원(2015년) 등 재난 지역의 재건 및 인도적 차원의 구호사업도 적극적으로 펼치고 있다.

신협은 소상공인의 금융 편의를 도우며 성장해온 만큼, 전통시장 상인들의 자립을 도우며 고락을 함께했다. 신협 사회공헌재단은 그러한 맥락에서 전통시장 상인 지원과 전통시장 활성화 사업을 주요 목적사업 중 하나로 운영하고 있다. 특히 2016년도에는 유독 전통시장에 재난, 재해가 자주 발생했는데 신협 사회공헌재단은 전통시장 상인들의 재난 현장에도 늘 함께했다. 2016년 신협은 신협 사회공헌재단을 통해 1월 대구 팔달신시장 화재(1,500만 원), 9월 경주 지진(5천만 원), 10월 부산, 울산, 전남, 제주 태풍 차바(8천만 원), 11월 대구 서문시장 화재(3천만 원) 등 재난 현장에 달려가 성금 지원은 물론 금융지원과 재난사무소 운영 지원까지 피해복구를 위해 노력했다.

국내 최초 기부협동조합으로 이름 붙인 신협의 사회공헌재단은 다양한 사회공헌 활동을 통해 나눔을 실천하며 오늘도 우리 사회의 구석구석 어두운 곳을 환히 밝히는 등불이 되고 있다.

한국 신협,
아시아 자산규모
1위가 되다

한국 신협은 외환위기 이후에 조합 합병과 신규지점 개설, 차세대 전산망을 구축하며 경쟁력을 강화했다. 그 덕분에 현재 우리나라 신협은 자산규모 면에서 미국과 캐나다, 호주에 이어 세계 4위고 일본, 태국, 필리핀, 말레이시아, 인도 등 아시아 22개국 중에 자산규모가 단연 1위다. 특히 한국 신협은 저개발국가 지원은 물론 세계 신협의 공동발전을 도모하는 데 중추적인 역할을 하고 있다. 세계 금융위기 속에서도 서민을 위한 금융서비스를 멈추지 않았으며 신협 운동의 가치를 실천하는 등 세계 신협사에서도 모범 신협국으로 손꼽힌다.

1960년대에 정부 지원 없이 민간 주도로 출범한 한국 신협은, 서민을 위한 금융지원에 매진한 지 반세기 만에 한국의 대표적인 서민금융기관으로 자리매김하게 되었다. 서민경제를 위한 중추적인 임무를 수행하고 있는 신협은 1963년 재건 국민운동 지도자들이 신협 교육을 이수한 후 독립적으로 새마을금고 사업을 추진함으로써 실질적으로 새마을금고 및 상호금융 신용사업의 모태가 되어 한국 서민금융의 발아와 촉진에 이바지했다.

한국 신협의 태동기에 세계 신협협의회를 비롯한 신협 국제기구의 관심과 지원은 한국 신협의 자립을 위한 추진동력이 되었다. 한국 신협은 해외 신협의 지원을 받던 나라에서 세계 신협의 성공모델이 되어 벤치마킹의 대상이 될 만큼 비약적으로 발전했다. 특히 아시아 신협연합회와 세계 신협협의회를 통해 저개발국가의 신협에 컨설팅 및 교육을 지원하는 한편, 해외재난 신협의 피해복구 지원 등에도 적극적으로 앞장서왔다.

이와 함께 한국 신협은 아시아 신협연합회 의장국이자 아시아에서 유일한 세계 신협협의회 이사국으로 세계 신협의 회원국들로부터 지지와 신뢰를 얻고 있다. 현재 한국의 경제활동인구 22%인 600만 명이 신협의 조합원이다.

신협의 역사는 국내외 금융전문가들의 주목을 받고 있는데, 특히 한국의 신협 운동이 개발도상국에서 민간주도형 협동조합 운동의 성공을 보여준 좋은 사례로 손꼽는 전문가들이 많다. 한국 신협의 특징인 강소형 지역밀착 금융협동조합 운동은 한국 신협만의 강점으로 세계에서도 배울 바가 있다고 주장하는 학자들도 있다. 특히 자발적으로 금융협동조합운동이 정착한 모범사례로 주목받고 있다. 아시아 신협의 만형이 된 한국 신협은 매년 아시아지역 신협에 발전 경험을 전파하는 등 국제사회에서 한국의 위상을 높이고 있다.

세계 신협협의회 전 회장인 베리 졸렛Barry Jolette은 한국 신협의 성공은 신협을 지지하는 수많은 조합원이 있어 가능했다고 말했다. 그리고 앞으로도 조합원을 신협의 최우선 가치에 둘 것을 강조했다. 믿음과 신뢰 위에 쌓아 올린 한국 신협의 60여 년의 시간 속에는 넘어져도 다시 일어나는, 다수의 국민을 위한 서민금융의 역사가 함께 녹아 있다. 신협의 조합원이라면 누구나 '스스로 일어서서', '희망찬 미래를 향해 나아갈 준비'를 마쳤다. 조합원들에게 신협은 인생의 든든한 버팀목이다.

> "한국 신협은 개발도상국에서는 정부주도형 협동조합이 불가피하다는 고정 관념을 깬 민간주도형 협동조합 운동의 성공사례로 꼽힌다."
>
> – 김준경(KDI 경제, 사회개발 정책 전문 연구기관 원장)

손잡고 같이 살아가는 게
협동조합입니다

김영주
전 신협연수원장
인터뷰 중에서

우리나라는 6.25 전쟁이라는 큰 비극을 겪었죠. 3년의 전쟁으로 땅덩어리와 사람만 좀 남아 있었지, 경제적으로는 아예 파산했어요. 물건이며 돈은 물론이고 굶어 죽는 사람이 태반이었으니까요.

이런 상황이라고 해도 사람은 먹고살아야 되잖아요. 하지만 혼자 힘으로는 어려웠죠. 서로 도와서 먹고살 수밖에 없었어요. 그때 메리 가브리엘라 수녀님이랑 장대익 신부님이 신협을 우리 실정에 맞게 들여오셨어요. 하지만 신협 운동을 제대로 펼치려면 신협에 대해 아는 운동가가 필요한데 그런 사람은 없었지요. 하나둘 마을 사람들을 모아 교육했어요. 낮에는 농사를 짓고 저녁에 공부를 했어요.

또 밤마다 다니면서 차트를 만들어 설명하고 서로 도와가면서 살아야 한다고, 제일 좋은 방법이 있다고 사람들을 설득했어요. 당장 필요한 돈을 빼고 나머지는 우리가 정직하게 관리하고 이자도 주겠다고 해서 돈을 모으는 운동을 했어요.

그렇게 모은 돈을 가지고 동네에서 제일 먼저 필요한 사람이 누구냐 물었죠. 당장 병원 치료를 받아야 하는 사람들과 대학 학비였어요. 그 당시에는 돈을 못 낼만한 사람에게는 병원에서 치료를 안 해줬죠. 치료할 수 있도록 돈을 대주고 대학 등록금도 빌려줬어요. 저렇게 급하니 우선으로 돈을 대주자 이렇게 의견이 맞으면 돈을 빌려줬죠. 가장 기본적으로 해야 할 일부터 해결한 거예요.

빌려 간 사람들은 고마우니까 다른 건 몰라도 그 돈은 꼭 갚았어요. 그게 시작이었어요. 작은 성공이 옆 마을과 합쳐지면서 규모가 커지고 농촌에서 점차 도시로 옮겨졌죠.

당시에도 은행이 있긴 했지만 은행에 출입할 수 있는 사람은 소도시에 몇 없었어요. 또 은행이 있다 해도 사람들에게 빌려줄 돈이 모자랐지요. 그중에서도 돈이 좀 남는 사람이 은행에 가서 돈을 맡기면 그 돈은 서울로 전달되어 산업자금으로 쓰였어요. 서울에 경제가 발전한 데에는 지방에서 올라온 밑천이 토대가 되었죠.

신용협동조합을 만들어도 그곳에서 일하는 직원들을 구하는 것이 쉽지 않았어요. 학교를 졸업하거나 갓 제대한 군인이 회계 교육을 받고 봉사로 일을 하다가 규모가 커지면 월급을 받고 직책도 생겨서 높은 자리도 만들어지고, 이런 과정을 통해서 우리가 지금까지 왔어요.

현재 원주에 있는 여러 종류의 협동조합 중에는 노인생협, 노숙인들로만 조직된 협동조합도 있어요.

노숙인들은 사는 곳도 불분명한데 어떻게 믿고 빌려주느냐, 그런 이야기가 나오죠. 그런데 그 사람들한테 가장 중요한 조직이 신협이에요. 노숙인도 나가서 일을 해야 밥을 먹잖아요. 운좋게 일을 해서 돈을 벌어도 밥을 먹고 남은 돈은 가지고 있으면 써 버려요. 그걸 맡아서 관리해주는 데가 신협이죠. 그들은 돈이 모이면 추워지기 전에 셋방이라도 구하려고 돈을 빌리고 조금씩 갚아 나갔어요.

그렇게 생활하던 어떤 분이 돌아가셨어요. 그분의 자식들이 아버지의 유품을 정리했죠. 아버지가 하도 나쁘게 해서 아버지하고 인연을 끊었다고 했어요. 그런데 유품을 정리하다 아버지가 3백만 원을 대출받았다는 것을 알게 되었죠. 그게 신용협동조합인데, 아들이 보기엔 돈벌이도 못 하는데 아버지한테 돈을 빌려줘서 본인이 갚아야 하니 화를 내더라고요. 그래서 이유를 따지려고 길거리협동조합에 찾아간 거예요. 어떻게 대출이 된 거냐고 물으니까 담당자가 추운 날 길거리에서 주무시면 안 되니까 셋방을 얻는 데 필요한 돈을 대출해줬다 대답했죠.

이 이야기를 듣고 아들이 가슴을 쳤더랍니다. 아들도 그런 돈을 해주지 않았는데, 노숙자 같은 자기 아버지한테 돈을 빌려주는 곳이 있어서 놀랐다고요. 그러더니 울면서 그 돈은 틀림 없이 갚겠다고 하더랍니다. 그게 협동조합의 기본이지요. 손잡 고 같이 살아가는 게 협동조합이에요.

3부

함께 해야 오래,
멀리 간다

협동조합으로
19세기에
21세기를 살다

1800년대 말 산업화가 시작되어 세계 경제가 일대 혁신을 가져올 무렵, 영국의 도시 노동자들은 버티기 어려운 극한의 상황에 내몰렸다. 산업혁명 이후 저임금과 실직으로 인한 고통은 영국 노동자들의 삶을 갉아먹고 있었다.

방적 공장에서 직물을 짜던 이들도, 재봉기를 돌리던 이들도, 책을 찍어내던 인쇄공도 하루 20시간 가까이 일을 했지만, 하루 살아가기도 어려운 고단한 삶이었다. 먹고 입을 수 있는 생필품은 턱없이 부족했고, 먹고사는 것이 하늘의 별 따기만큼 어려운 시절이었다. 절망의 끝에서 노동자들은 마음을 합하기로 했다.

1844년 8월 15일, 영국의 작은 도시 로치데일에 사는 노동자들이 모였다. 지금처럼 계속 살 수는 없다는 마음으로 이들이 생각한 것은 자급자족 공동체의 실현이었다. 모두 절박한 마음이었다.

자본의 지배에서 벗어나 자급자족의 공동체를 건설하겠다는 비전을 품은 이들은 로치데일에 살고 있는 28명의 직공이었다. 직물공, 재봉공, 기계공, 인쇄공, 제화공 등 모두 노동자들로 이루어졌다. 새로운 시선으로 세상을 바라보고자 했던 이들은 산업혁명이 한창이던 때, 모순이 첨예한 곳에서 새로운 운동을 시작했다. 이날 28명이 함께 모여 설립한 것은 새로운 형태의 '로치데일 공정선구자협동조합'이다. 그리고 먼 훗날 역사는 이들의 모임을 세계 최초의 근대적인 협동조합으로 기록한다.

가난한 노동자들이 가진 것은 단 하나 '가난에서 벗어나겠다는 간절함'이었다. 당시 영국에는 밀가루와 버터, 설탕 등의 생필품을 비싼 값으로 파는 식료품점들이 많았다. 자본가들이 이윤을 극대화하기 위해 서민들의 삶을 저당 잡은 것이었다. 노동자들은 생필품을 판매하는 협동조합을 세우기로 한다. 바가지를 씌우지 않고 좋은 물건을 정당하게 팔아야 하는 것이 조건이었다.

당시 이들이 출자한 금액은 1인당 1파운드였다. 이렇게 모인 28명의 조합원은 '수익을 남기는 경제'가 아니라 '필요를 충족하기 위한 경제'를 선택하며 협동조합의 기초를 세웠다. 협동조합에서 운영하는 식료품점은 팔기 위해서 아니라 '식료품, 의료 등을 나누기 위하여' 설립된 것이었다. 이들은 기존의 자본주의 시스템에서 운영하는 '시장경제'와는 다른 방향을 찾았다.

로치데일협동조합은 기존의 시장경제처럼 상품을 취급하지만, 그

상품을 팔아서 얻는 '자본주의식 이윤'을 추구하지는 않았다. 조합원들은 필요로 하는 생활물자를 공동으로 구매하고 함께 나눴다. 돈을 버는 것이 자본주의의 목적이라면, 로치데일협동조합은 살아가는 것이 목적이었다.

이들이 추구한 것은 물건을 사고파는 '상품경제'가 아니었다. 필요한 것을 함께하는 '호혜경제'였다. 이들은 누구 한 사람의 주머니를 불리는 것이 아니라, 함께 '상생하는 삶'을 꿈꾸었다. 로치데일의 직공들이 세운 협동조합의 이름은 선구자협동조합으로 이들은 그렇게 협동조합의 선구자가 되었다.

1844년 28명의 조합원으로 시작한 로치데일협동조합은 10년 만에 조합원이 50배 이상 늘었다. 출자금 총액은 400배 가까이 늘었고, 공급액은 약 63배 이상 늘었다. 로치데일 조합원들은 다음과 같은 원칙을 가슴에 품고 있었다고 한다. '출자금을 내는 사람은 누구나 조합원으로 인정받으며, 조합의 가입은 종교와 인종, 성별, 장애와 같은 외적 요인에 의해 결정되지 않는다.' 이후 세계 각국에서 설립되는 협동조합은 로치데일의 성공모델에 따라 이와 유사한 형태의 협동조합으로 설립되었다. '조합원들에게는 1인 1표의 권리가 있고, 조합은 이에 따라 민주적인 절차로 운영된다.' 소비자협동조합인 로치데일에서는 불량한 식료품을 판매할 수 없도록 규제했다. 또한 시장 가격에 맞춰 팔되 외상으로 거래하지 않으며, 조합원들은 현금 거래를 하도록 독려했다.

'수익은 조합원들에게 나누어 주되 구매량에 비례해서 나눈다.' 이와 더불어 로치데일협동조합의 운영원칙 중 특별한 점은 이익 일부를 조합의 교육을 위해 사용한다는 것도 있었다. 모든 수익을 조합원을 위해 사용하도록 했으며 조합원의 교육이 있어 조합의 지속적인 성장이 가능해졌다.

로치데일은 영국이 1928년에 여성들에게 투표권을 부여한 것보다 먼저인 19세기에 여성 조합원에게 투표권을 부여했다.

> "로치데일협동조합은 공리주의에 입각한 협동조합 운동이며 자본주의 시장경제에서의 불이익을 최소화하기 위하여 경제생활의 일부를 분야별, 기능별로 조합화한 것이다."
>
> – 이와미 다카시(일본의 협동조합 이론가)

로치데일협동조합은 어떻게 성공할 수 있었을까? 첫 번째는 원가경영이다. 로치데일협동조합은 원가경영을 목표로 했다. 이들은 초과이윤을 붙여서 바가지를 씌우는 일을 절대 금하고, 물건을 시장 가격과 유사한 선에서 판매하는 것을 원칙으로 했다. 이들의 원가경영 원칙은 '폭리를 취하지 않는다. 단, 손해를 보면서 팔지도 않는다.'는 것이다.

두 번째는 배당의 원칙이다. 연말에 남은 잉여금을 조합원의 사용실적에 비례해 환원했다. 정상적인 시장 가격으로 판매하여 운영의 지속 가능성을 확보한 조합 운영진은 이를 통해 협동조합의 매출 확대를 촉진했다. 그리고 조합원의 사용실적에 비례하여 잉여금을 배분했다. 합리적인 매출 확보와 효율적인 잉여금 배당이 로치데일협동조합을 최초의 근대 협동조합으로 만들었다.

　로치데일협동조합이 설립된 이후 이들의 성공모델을 발판 삼아 20세기 초반까지 유럽과 북미에서 다양한 형태의 협동조합이 설립되었다. 소비자협동조합, 농업협동조합, 신용협동조합 등의 다양한 형태의 협동조합이 세계에 전국적인 조직을 형성할 정도로 발전했다. 1800년대 후반 협동조합의 개척자들이 '함께 잘살아 보자.'며 시작한 사회적 운동이 세계로 퍼진 것이다. 이들이 불러일으킨 경제 운동은 21세기에 이르러서도 자본주의의 대안으로, 위기에 강한 경제체제로 평가받고 있다.

> "초창기 협동조합이었던 금융협동조합은 자금을 모아 위기 상황에
> 대비하기 위해 결성되었다. 지금으로 말하자면 당시의 협동조합은
> 질병과 가난, 실업에 대비하는 보험인 셈이었다."
>
> ― 엔니오 지오바니(이탈리아 모데나 대학 경제학과 교수)

　한편 세계적인 축구 명문인 스페인의 FC 바르셀로나, 오렌지하면 떠오르는 기업의 대표적인 이름인 미국의 썬키스트, 뉴질랜드의 대표적인 농업 브랜드 제스프리 키위, 우리나라의 과일 브랜드 햇사레. 이들의 공통점은 무엇일까. 그것은 바로 협동조합이다. 미국 최대의 금융회사인 시티금융그룹의 모체도 뉴욕 상인들의 신용협동조합에서 발전한 것이다.

　17만 명의 출자금을 기반으로 설립한 FC 바르셀로나는 구단주를

선출하는데도 조합원들이 모두 민주적인 방식으로 투표를 한다. 구단주가 모든 결정권을 갖는 다른 축구단에 비해 FC 바르셀로나는 큰 결정에 앞서 모든 조합원이 투표하고 이를 실행한다.

우리나라의 프로 축구팀은 대기업 총수가 구단주를 임명하지만, FC 바르셀로나는 조합원들의 투표를 통해 6년마다 구단주 격인 회장을 직접 선출한다. FC 바르셀로나는 협동조합 자율과 독립의 원칙에 따라 필요한 재원은 조합비 증액과 상업적 수익을 통해서만 조달하고 있다. 주식시장에 상장한다거나 외부자본을 영입하는 것은 허용이 되지 않는다. 2006년 에이즈에 노출된 세계 어린이들을 위해 유니세프와 후원계약을 체결하고, 유니폼에 기업광고가 아닌 유니세프 로고를 넣은 것도 영리를 목적으로 하지 않는 협동조합이기에 가능했다.

> "할아버지부터 저까지 모두 FC 바르셀로나의 조합원이에요. FC 바르셀로나는 축구팬들이 소유하고 축구팬들이 통제하는 클럽이죠. 우리 구단의 주인은 어떤 기업이 아니라 조합원 전체입니다. 연간 250유로(한화 약 27만 원) 정도의 조합비를 내면 누구나 조합원으로 가입할 수 있어요. 우리는 축구가 돈벌이가 되는 걸 반대해요. 그래서 FC 바르셀로나는 축구클럽 그 이상의 의미가 있죠."
>
> – 바르셀로나에 거주하는 청년

세계 최초의 시민협동조합인 FC 바르셀로나는, 3대째 팬이라는 20대 청년부터 돌아가신 교황 요한 바오로 2세까지 조합원으로 가입되어 있다. 1899년 스페인의 바르셀로나를 연고지로 창단된 FC 바르셀로나의 팬들은 자신이 사랑하는 구단이 협동조합이었기에 오늘의 성공을 거두었다고 믿고 있다. FC 바르셀로나의 조합원들은 자신의 구단을 축구클럽(Football Club)이 아니라 축구협동조합(Football Cooperative)이라 생각한다. 클럽 그 이상이라 불리는 FC 바르셀로나의 힘, 그 원천이 바로 협동조합에 있다.

배달원도 주인이 되는
수상한 중국집이 있다
: 블랙앤압구정

종업원이 사장님이 되는 곳, 철가방을 든 배달원이 사장님이 되는 중국집이 있다. 수상한 중국집은 사장님인 채혁 대표로부터 시작되었다. 야구 명문 군산상고에서 선수 생활을 했던 그는 대학이나 실업팀 대신 일찌감치 생업전선에 뛰어들었다.

> "중간도매상, 중장비 대여업 등을 전전하다 중식당을 해보자고 마음먹은 것이 1990년대 말쯤이었어요. '요리는 못 해도 맛보는 데는 나름의 일가견이 있다.'라는 자신감 하나로 호텔 중식당 요리사를 설득해 주방장으로 스카우트했죠. 그리고는 연고도 없던 서울 성동구에 중국집을 열었어요. 그때만 해도 제일 잘 나가던 동네가 압구정동이어서 최고 중국집이 되고 싶다는 욕심에 '블랙앤압구정'이라 이름을 지었죠."

－채혁(블랙앤압구정 대표)

채 대표는 협동조합 기본법이 통과되기 훨씬 전인 2009년부터 중국집을 협동조합 방식으로 운영하고자 했다. 2007년, 중국집 사장님인 채혁 대표가 배달원들을 사장님으로 만들어 준다고 했을 때, 다들 '정신 나간 소리'라고 했다. 가진 것이라곤 몸 밖에 없는데 어떻게 사장님이 될까, 그 질문의 답은 협동조합이었다.

그런데 협동조합의 조합원이 되자, 월급이 올랐다. 한 달 월급 300만 원이라는 목돈을 손에 쥔 것이다. 조합원이 되면서 종업원들은 종업원이 아니라 주인이 되었다. 모두 주인이 되자 매출이 15% 넘게 늘었다. 그 덕분에 월급이 올랐고, 모두의 인생이 달라졌다.

▌블랙앤압구정의 채혁 대표(맨 앞)와 조합원들.
중국집에 협동조합 바람을 불어 넣어 새로운 패러다임을 제시했다.

채혁 대표는 2001년에 논골신협에 조합원으로 가입하며 협동조합에 대해 처음 알게 되었다. 신협을 이용하며 그는 나 혼자 사장이 되어 잘 먹고 잘사는 것이 아니라, 직원들과 함께 나누고 협동하는 길에 대해 관심을 두게 되었다. 출자금을 내면 누구나 공동 사장이 되어, 자기 사업을 할 수 있다면 종업원들에게 도움이 될 것이라는 생각이 들었다.

> "제가 협동조합 중국집을 생각한 건 논골신협 사람들과 함께 일본 오사카에 있는 공동체 마을 아사카로 견학을 떠났을 때였어요. 가난한 마을 사람들이 서로 힘을 합해서 회사를 세우고 협동조합으로 회사를 키워서 500명 이상을 고용하는 규모로 만들었대요. 그때 문득 떠오른 생각이 '우리도 힘을 합치면 좀 더 오래, 탄탄하게 갈 수 있지 않을까.' 하는 것이었어요."
>
> -채혁(블랙앤압구정 대표)

　일본 사람들의 모습이 부럽기만 했던 그는 한국으로 돌아온 뒤 직원들에게 식당을 공동 소유하고 운영하는 구조로 바꾸고 싶다는 구상을 내비쳤다. 직원들의 반응은 예상과 달랐다. 사장이 장사를 접으려고 딴생각을 한다거나, 이러다 뒤통수를 맞는 것이 아니냐며 수군거렸다. 채 대표는 2년여에 걸쳐 직원들을 설득했다. 직원회의만 30차례 넘게 가졌다. 그리고 2009년 말, 자신의 지분 일부를 직원 4명에게 양도한 것을 시작으로 그는 약속을 지켰다. 돈이 없는 직원에게는 자신이 대출 보증을 서가며 출자를 독려하기도 했다.

아무도 믿지 않았지만, 협동조합을 설립하고 함께 조합을 운영해나가며 월급이 오르고 사장이 되자, 배달원들은 협동조합을 통해 희망을 발견했다고 말한다. 종업원들은 장밋빛 미래를 꿈꾸게 되었고 이직도 눈에 띄게 줄었다. 모두 주인의 마음으로 일하니, 성과가 오르고 출자 배당금이 많아졌다.

이것이 바로 중국집 배달원들에게 새로운 희망이 된 '블랙앤압구정'이다. 본점을 비롯해 2, 3호점 등 지점이 늘어나며 승승장구하는 것도 바로 직원들이 주인인 협동조합이 기반이 된 덕분이다. 인근의 30여 개가 넘는 중국집이 있지만, 이곳의 시장점유율이 50%에 육박할 정도로 독보적인 것도 스스로 깨어난 주인의식 때문이다.

"블랙앤압구정이야말로 협동조합의 강점을 가장 잘 살려낸 예다. 블랙앤압구정은 '공동 소유와 민주적 운영, 사업 기여에 따른 배당 우선의 원칙'이라는 협동조합 정신을 기반으로 모범적인 운영을 해 왔다. 이를 통해 구성원들의 변화를 극적으로 끌어냈다는 점이 특히 인상적이다. 결국 협동의 과정에서 신뢰가 쌓이고 이것이 성과로 이어지면서 이 모든 일이 가능하다는 것을 보여준 사례다. 블랙앤압구정은 협동조합의 발전 가능성을 온몸으로 증명하고 있다."

— 김동준(성공회대 대학원 협동조합 경영학과 교수)

엄마가 다섯인 집은
행복도 다섯 배다
: 다섯 가족의 공동육아

남원 시내의 한 초등학교 앞, 학교를 향해가는 박양림 씨의 발걸음이 빨라진다. 그녀는 오늘의 하교 담당자다. 초등학교 1학년부터 4학년까지 아이들 넷의 하교를 책임져야 한다. 협동조합에서 근무하는 직원들의 아이들은 이렇게 조합 내의 다른 직원들이 함께 돌아가며 돌보고 있다.

하교하는 아이들을 데리고 함께 도착한 곳은 집이 아니라 공동의 공간이다. 10년째 공동육아를 하는 이곳은 엄마와 아이들의 아지트인 셈이다. 타지에서 시집와서 정 붙일 곳이 없었던 다섯 명의 엄마들은 함께 시간을 보내며 가까워졌다. 친정도 시댁도 너무 멀어 아이를 맡기기 어려웠던 이들은 함께 모여 공동육아를 시작했다. 그렇게 함께 한 시간이 10년, 긴 세월을 함께 지내며 다섯 가족의 자녀들은 내 아이도 남의 아이도 아닌 우리 아이가 되었고 한가족을 이루었다.

다섯 엄마는 돌아가며 선생님이 되었다. 다섯 가족이 하나가 되니, 삶이 풍요로워지고 삶의 질이 높아졌다. 아빠들도 함께했다. 아빠들이 텃밭을 만들고 엄마와 아이들이 씨를 뿌리고 풀을 뽑고, 각종 채소를 키웠다. 여름 볕에 채소와 과일이 탐스럽게 열매를 맺자, 아이들의 삶은 더 행복해졌다. 함께 키운 참외를 따서 먹고, 함께 기른 가지로 반찬을 해 먹으며 다섯 가족의 아홉 명의 아이들은 친형제, 친자매로 자랐다.

'함께'를 배운 다섯 명의 엄마가 2014년에 새로운 일에 도전했다. 한 사람당 500만 원씩을 출자해 천연 조미료 생산협동조합을 설립한 것이다. 다섯 엄마가 함께한 천연 조미료 사업의 첫 시작은 집에 있는 아이들을 위한 것이었다. 산 아래에 자리 잡은 소도시의 특성상, 신선한 식재료를 구하는 것에 한계가 있어 보다 맛있고 건강한 식재료를 구해 먹여 보겠다는 엄마의 마음이었다. 사업을 해나가면서도 엄마의 마음이 필요했다.

사업을 준비하는 데 꼬박 1년이 걸렸다. 사업계획을 세우고 협동조합을 공부했다. 협동조합은 철학을 공유하는 것이 중요했다. '함께'라는 마음, '엄마'의 마음이 이들의 철학이었다. 다른 이들의 눈에는 보이지 않는 것들도 엄마의 눈으로 보면 불량품이 가려지기 마련이다. 우리 아이들이 먹고 식구들이 먹을 거라는 생각이 엄마들의 마음을 움직였다. 엄마표 천연 조미료는 총 다섯 종류가 생산 중인데, 아직 대출금을 다 상환하지는 못했지만, 최근엔 입소문이 나서 매출이 가파르게 오르는 중이다. 돈이 먼저가 아니라 함께라는 가치와 철학이 먼저인 사람들이 행복한 동행을 시작했다. '엄마가 다섯 명이 있는 집, 그 집의 아이들은 다섯 배로 행복하다.'

조합원 모두가 주인이라는
자부심을 가지다
: 행복빌딩

모래알처럼 고립된 채 흩어져 살아가는 도시인들. 그래서 도시에서 공동체를 이루며 살아가는 것이 어렵다고 하는 것일까? 하지만 도시민들의 협동공동체가 있다. 그리고 이 공동체가 몸담은 아주 특별한 건물이 있다.

경기도 성남시 태평동에는 이름만 들어도 입가에 미소가 번지는 '행복빌딩'이 있다. 건평 1,500평 남짓한 5층 빌딩의 주인은 주민신협이고 이 건물에 주민신협 본점이 자리하고 있다. 행복빌딩은 주변에서 협동조합 빌딩이라고 불린다. 의료생활협동조합, 초록 사과 인형극단, 주민생협, 카페, 관리협동조합 등 다양한 분야의 협동조합이 주민신협 빌딩에 있다. 다른 곳에서 힘들게 운영하는 협동조합을 모아서 이곳에 입주시킨 것인데, 신협에서는 협동조합을 지원하기 위해 임대료를 받지 않는다.

　건물 1층의 로비에는 얼핏 보기에는 평범한 카페가 하나 있다. 이름
은 '나는 카페'다. 여름이면 더운 날씨를 피해 시원한 카페를 찾아온
동네 주민들로 북적이는 모양이 동네마다 있는 여느 카페와 별반 다르
지 않다. 그런데 카페를 조금만 자세하게 살펴보면 살짝 차이가 있다.
바리스타들의 대부분이 발달장애인들인 '나는 카페'에는 장애인 3명
과 조합원 1명이 일을 하고 있다. 발달장애인들에게 일자리를 제공해
서 자립을 도와주는 사회적 기업에서 카페를 운영하고 있는 것이다.

　꾸준한 교육과 적응훈련을 통해 건물 안의 단골손님들이 주문하면
배달 서비스까지 할 수 있을 정도가 되었다. 아직 다소 어설프긴 하지
만 제법 프로 바리스타처럼 보일 때도 있다. 장애인의 자립을 위하여,
건물의 주인이 무상으로 장소를 임대하는 것은 주인이 신협이기에 가
능한 일이었다.

이 빌딩은 '나는 카페'를 지나야 안으로 들어갈 수 있는데, 카페의 바로 위, 건물 2층에 올라가면 음악 소리가 요란하게 흘러나온다. 이곳은 시니어들을 위한 신나는 댄스 교실이다. 다른 사설 기관보다 싼 가격으로 운영하고 있어 시니어 조합원들에게는 참새 방앗간과 같은 곳이다. 본인만 즐기는 것이 아니라 친구들을 초대할 수 있어서, 멀리 사는 친구들과 함께 사교댄스를 배우러 오는 이들도 많다.

건물 옥상에는 조합원들이 가꾸는 텃밭이 있고 그 옆에는 주민들이 누구든지 이용할 수 있는 실내축구장도 있다. 옥상은 특히 취약계층 아이들과 다문화 가정 어린이들을 위한 공간이다. 취약계층의 청소년들이 밝게 자랄 수 있는 환경을 제공하겠다는 주민신협의 배려. 행복빌딩에서는 취약계층 자립을 위한 사업 외에도 조합원들의 건강을 위한 의료서비스를 비롯해 협동조합 인큐베이팅 사업까지 벌이고 있다.

빌딩에 입주한 관리협동조합에서는 행복빌딩 전체의 관리를 책임지고 있다. 주민신협 본점 관리도 이곳에서 하고 있어 저렴한 비용에 비해 관리의 질은 높은 편이다. 주민신협은 이 조합에도 무상으로 장소를 제공한다. 조합원이 관리를 책임지고 있어서 그런지, 행복빌딩에서는 주차관리원도 자신이 이곳의 주인이라는 자부심이 강하다. 자긍심이 있으니 어디서나 당당하게 자기 일을 한다. 그러니 관리의 질이 높을 수밖에 없다.

이 모든 것이 주민신협에서 공동체를 위한 행복빌딩을 만들었기에 가능한 일이었다. 주민신협에서는 조합원의 아이가 태어나면 탄생의 기쁨을 함께하며 출산 축하금을 지원한다. 아이가 자라서 학교에 가면, 엄마 공동체에서 만들어 준 맛있고 영양이 풍부한 급식으로 점심을 먹는다. 공부를 더 하고 싶은데 돈이 없다면 주민신협에서 수여하는 장학금을 받고 원하는 학교에 갈 수 있다. 몸이 아프면 주민신협이 주인인 행복빌딩에 입주한 의료생협에서 저렴한 비용으로 치료를 받고, 결혼할 때가 되면 행복빌딩 5층의 야외결혼식장에서 역시 저렴한 비용으로 결혼식을 올릴 수 있다. 주민을 위한 행복한 공동체를 만들겠다는 주민신협이, 이 모든 공동체의 중심에 있다.

행복빌딩에서는 누군가로부터 행복을 받는 것이 아니라 스스로 행복을 만들어가도록 격려한다. 그러면서 사회적 약자이자 경제적으로 취약한 서민들도 마땅히 누려야 할 행복을 일구길 희망한다. 주민신협에서는 서민들이 경제 운동을 통해 스스로 행복을 만드는 주체가 되는 것이 중요한 가치라고 믿고 있다.

주민신협이 자리 잡은 성남에서 신협 운동이 시작된 것은 1970년대부터였다. 출자금 5만 원만 내면 누구나 주민신협의 조합원이 될 수 있고 다른 조건은 아무것도 없다. 대신 출자금 5만 원에 누릴 수 있는 혜택은 많다. 그 대표적인 것이 주민신협만의 배당제도다.

협동조합이 마을을 변화시키려면 한두 사람의 소수 조합원이 아니라, 마을공동체 중심이 되어야 한다. 모두 신협 가족이라는 공동체 의식을 가지고 지속할 수 있게 하기 위해서 어린이들을 위한 '꼬마 금융'도 만들었다. 주민신협은 3년 넘게 수진초등학교 학생들을 대상으로 우유 팩을 가져오면 재활용 노트와 휴지 등으로 교환해주고 있다. 이를 통해 아이들에게 사회적 가치와 환경의 소중함을 일깨워 주었으며 주변의 대형 금융기관과의 경쟁을 뚫고 수진초등학교의 학교금융업무까지 담당하게 되었다.

현재 주민신협은 태평동 본점을 시작해서 수진점과 신흥점 두 곳을 지점으로 둘 정도로 성장했다. 조합원들을 위한 편의시설을 제공하거나, 문화사업을 함께 이용할 수 있는 공간도 마련했다. 150평 남짓한 공간에서 노인댄스, 노래 교실, 요가강좌와 같은 생활체육이 이루어지기도 하고 여행도 함께 간다. 버스는 주민신협에서 준비하고, 여행 경비는 개인이 부담한다. 적은 비용으로 패키지여행을 즐길 수도 있다. 주민신협 주민들은 2주에 한 번씩 등산도 가고 등산이 힘든 조합원들을 위해 온천이나 둘레길을 함께 걷기도 한다.

> "문화 운동을 통한 복지가 점점 더 중요해집니다. 돈을 버는 것도 중요하지만 문화생활을 통해 저마다의 삶을 재미있게 디자인하며 만들어간다는 것이 더 중요합니다. 금융뿐 아니라 문화공동체를 통해서 우리 조합원들의 삶이 보다 풍요로워질 수 있다고 확신합니다."
>
> —이현배(주민신협 상임이사)

금융과 마을을 결합해 사회적 경제 가치를 추구하는 신협 운동, 주민신협에서는 각자 개성을 가진 10인 10색이 모여 다채로운 미래를 만들어가는 중이다.

필요 없는 것 빼고
다 만든다
: 충남 홍동마을

충남 홍성군 홍동면 홍동마을. 해가 뜨기도 전에 마을은 벌써 잠에서 깨어난다. 부지런한 농부들 덕분이다. 홍동마을의 일과는 다른 농촌과 사뭇 다르다. 일과를 시작하기 전, 농부는 마을 어귀의 커피숍을 먼저 찾는다. 맛 좋은 더치커피 한 잔으로 잠을 깨운 뒤, 마을 도서관에 잠깐 들러 한 주 전에 빌린 책을 반납한다. 도서관을 나와 밭으로 가는 길에는 목공소에 들러 어제 전화로 이야기했던 연장을 빌렸다. 홍동마을 농부의 발길이 닿은 장소는 다른 마을의 사람들은 흔히 가지 않는 곳이다. 농부들이 찾아간 커피숍과 도서관, 목공소는 모두 협동조합이다.

이곳은 말 그대로 협동조합으로 이루어진 마을공동체이며 그 중심에는 풀무신협이 있다. 홍동면 일대는 14개 리, 33개 마을이 협동조합이라는 울타리 안에서 살아가며 홍동마을이라 불린다.

▌홍동마을은 풀무신협 부속 영농조합 법인을 설립해 WTO, FTA 등에 대비하여 농산물 유통가공사업, 농업 벤처에 힘쓰며 농촌 지역 신협의 바른길을 보여주고 있다.

　홍동면에 사는 사람들은 모두 조합원이라는 이야기가 있다. 약 1,500여 세대가 사는 홍동면에 가구당 평균 두 명씩 조합원으로 가입한 금융협동조합, 그곳이 바로 풀무신협이다. 풀무신협은 '더불어 사는 평민'이라는 교훈 아래 협동을 통해 함께 사는 세상을 만들겠다는 풀무학교의 정신을 담은 열매다. 그러니까 마을의 중심에는 풀무학교가 있는 셈이다.

　협동조합 방식의 다양한 생산 조직과 시설을 구축하며 마을의 중심이 된 풀무학교는 지난 50년 동안 지역의 발전에 중요한 역할을 해왔다. 홍동마을에서는 풀무학교를 기반으로 자립경제구조를 갖추었고,

그 덕분에 귀농·귀촌하는 도시인들이 찾아오는 마을이 되었다.

예전에는 이곳에 대장간이 있어 이 마을이 '풀무골'이라 불렸는데 마을의 이름을 따서 학교 이름도 풀무학교가 되었다. 대장간에서 쇠를 녹일 때 바람을 넣는 도구인 풀무처럼 홍동마을에 생명을 불어넣겠다는 의미로 설립한 협동조합이 바로 풀무신협이다. 풀무신협은 설립 목적대로 마을 전체에 희망의 바람을 불어넣는 기적을 일으켰다. 초기에는 풀무학교 출신의 교직원과 학생을 중심으로 운영됐지만 얼마 지나지 않아 지역 협동조합으로 전환되었다.

홍동마을에 풀무의 기적이 잉태된 것은 1956년이었다. 그때는 굶는 게 일상이던 가난한 시골 마을에서 배를 곯지 않고 하루를 보내는 것이 최고의 행복이라 여기던 시절이었다. 70~80가구가 살아가는 작은 마을, 간신히 초등학교만 졸업하면 사람 노릇은 하겠다고 여기던 시절에 공부는 사치였다. 마을에 중학생은 겨우 두 사람뿐, 나머지 청년들은 대부분 돈벌이를 위해 남의 집 소작을 하거나 머슴을 살았다. 그런 시절에 풀무학교가 첫 문을 열었다. 1958년 4월의 일이었다.

첫 입학생은 모두 열여덟 명이었고, 1961년 첫 졸업생을 배출하고 학부모 총회를 거쳐 1963년 풀무농업고등기술학교가 문을 열었다. 현재 풀무학교는 전국 유일의 농업고등기술학교로 농업을 전공으로 하는 지역밀착형 학교로 성장했다. 지금까지 약 1,700여 명의 학생들이 풀무의 정신을 배우고 사회로 진출했다.

학교가 설립되고 얼마 후, 학생들은 협동조합을 공부하기 시작했다.

협동조합 운동이 전개된 것이었다. 풀무학교는 금융협동조합을 시작하며 독일의 라이파이젠신협을 역할 모델로 삼았다. 자본가들에게 경제적 수탈을 당한 영세 생산자들과 농촌 소작농들이 모여 금융협동조합을 설립한 라이파이젠신협처럼 마을에 기금을 조성해 가난한 농민들의 희망이 되고자 했다. 고리채가 판을 치던 시절, 조합원들에게 도움이 되어 지역사회 발전에 이바지하는 것을 목표로 설립한 풀무신협은 1969년 11월 교사와 졸업생 18명이 모은 4,500원으로 첫걸음을 떼었다.

> "협동조합은 한 사람 한 사람이 다 역할을 해야 하는 그런 구조죠. 모든 사람의 의견을 같이 수렴해야 하고 모든 사람에게 열매가 같이 돌아가는…… 그런 본질적인 면에서 풀무학교에서는 한 사람 한 사람이 중요하다고 하는 것이 전체 교육 바탕에 깔린 것이고 그걸 가장 잘 실현할 수 있는 방식이 협동조합입니다."
>
> ─정승관 (전 풀무학교 교장)

풀무신협은 다른 조합들과 달리 일찌감치 경제사업에 관심을 기울였다. 대부분 조합원이 농업과 축산업에 종사하고 있었기 때문이다. 1982년에는 사료 사업을 시작해, 한때는 연간 매출액이 30억 원에 이르렀으며 양돈 대학을 운영해 축산업의 발전에도 이바지했다. 1979년에는 모범조합 표창, 1985년 재무부 장관 표창에 이어 1991년에는 신협중앙회장 표창을 받기도 했다. 1996년에는 풀무신협 부속 영농조합

법인을 설립해 WTO, FTA 등에 대비한 농산물 유통가공사업, 농업벤처 육성에 힘쓰며 전형적인 농촌 지역 신협의 바른길을 보여주고 있다.

이 마을에서 신협은 단순한 금융기관이 아니다. 금융사업과 복지사업의 균형을 통해 지역사회와의 상생 발전을 도모하는 신협은 조합원과 지역사회에 꼭 필요한 기관이다. 풀무신협은 농민과 서민이 진정한 주인이 되는 금융협동조합의 꽃을 피우기 위해 지역사회개발 사업에 힘쓰며, 지역과 함께하는, 지역 일체형 협동조합을 만들기 위하여 노력하고 있다.

홍동면에는 풀무신협을 중심으로, 가히 협동조합을 위한 협동조합 마을이라고 할 정도로 다양한 협동조합이 있다.

동네 마실방 뜰

처음에는 그저 술집처럼 보이기도 했다. 외지인의 눈에는 도시의 술집과 특별히 다른 점을 찾기 어려워 보였다. 하지만 자세히 살펴보면 조금은 다른 점이 눈에 들어온다. 프라이빗 고급 술집처럼 회원제로 운영된다는 점이다.

이렇게 된 데는 사연이 있다. 2010년 100여 명의 마을 주민들이 함께 동네 마실방이 필요하다는데 뜻을 모은 뒤, 돈을 모아 벽돌을 쌓고 같이 도배를 하며 동네 마실방 뜰의 문을 열었다. 함께 뜻을 모았던 마을 주민들은 자연스럽게 술집 회원이 되었다. 협동조합 방식의 술집이 동네에 들어선 것이다.

가게를 운영한 경험이 전혀 없는 주민들이 모여서, 전문 요리사 한 명 없는 술집이 탄생했다. 이곳에서는 술은 외지에서 들여와 팔아도, 술안주는 가능하면 지역에서 재배한 식재료를 사용하는 것을 원칙으로 한다. 회원들이 돌아가며 홀서빙을 하는데, 그 때문에 20대 청년이 당번이 되면 클럽이 되었다가 60대 어르신이 당번하면 트로트가 고고하게 울리는 선술집으로 분위기가 변하기도 한다. 동네 마실방 뜰은 작은 마을에 탄생한 전국 최초의 협동조합 술집이다.

얼렁뚝딱 건축조합

홍동마을에는 없는 것이 없다. 누군가 무엇이 필요하다는 꿈을 꾸면 그것은 곧 현실에서 이루어진다. 어느 날 마을 사람들은 이렇게 생각했다.

'왜 나는 우리 집을 짓거나 수리하지 못할까.' 혹은 '내가 살 집인데, 왜 전문가의 손에 맡겨야 하는가.' 아니면 '집은 우리가 지을 수 없을까' 하는 것들이었다.

이런 생각이 모여 건축협동조합을 설립하기에 이른다. 얼른, 뚝딱 만들겠다고 해서 조합의 이름은 '얼렁뚝딱'이 되었다. 건축 전문가의 영역을 우리의 영역으로 만들어 보자는 뜻으로 만든 생태 집짓기협동조합이다. 이들은 자주, 자립, 자치, 공동 소유의 정신을 바탕으로 집을 짓는다. 2013년 협동조합으로 등록한 뒤 이미 한두 채 집을 완성했고, 마을의 집들을 하나둘 손 봐가며 사회에 이바지하고 연대하며 마을공동체를 만들어가고 있다.

홍동마을에는 열정이 불타는 20대 청춘들이 많다. 누군가는 씨 뿌리기에 재주가 있고 누군가는 방제를 잘한다. 밭을 잘 만드는 친구도 있고, 기계를 잘 다루는 친구도 있다. 이들이 홍동마을의 농부들이다. 이들은 모두 젊은 협업농장의 조합원인데, 귀농을 원하는 청년들을 위해 마을 주민들이 10만 원, 20만 원씩 출자해서 조합을 시작했다. 마을 어른들이 출자금을 내서 시설과 기계, 토지를 사고 농촌 취업을 하겠다는 청년 조합원들에게 마을의 시설을 제공한다. 그리고 젊은 청년들이 농사를 짓는 구조다.

젊은 협업농장은 지역과 함께 유기농업을 실천하는 청년들의 협동조합이 되었다. 농약과 화학비료를 사용하지 않고 퇴비와 유기농 자재를 사용하여 안전한 먹을거리를 생산하는 젊은 협업농장에서는 신규 농업인들에게 유기농업 교육을 제공하고 지역 농업인과 적극적으로 교류하며 함께 살아가는 농촌을 만들어가고 있다.

물론 초보 농부들이 농사를 제대로 짓지 못해 당황할 때면 마을의 조합원 어르신들이 총출동하여 이들에게 농사를 가르치기도 한다. 얼마 전에는 농사만 짓는 것이 아니라 다른 일에도 관심을 두도록 마을에서 후원을 해주자며 태국에서 캄보디아까지 17박 18일간의 자전거 여행을 다녀오기도 했다.

마을이 청년을 키우고, 청년들이 다시 마을을 키우는 선순환 구조의
마을공동체가 홍동마을에서 시작되고 있었다. 홍동마을에서는 마을이
곧 학교고 협동조합이 곧 마을이다.

조합원의 꿈을 이야기하는
아트센터가 있다
: 아트센터 달

대구에는 아주 독특한 신협이 있다. 공연장을 운영하며 꿈을 이야기하는 달구벌신협과 문화센터를 운영하는 삼익신협이다. 이들은 문화 나눔의 공존을 실천하기 위해 협동조합을 운영하는 중이다.

　매호동 본점을 비롯해 신매, 황금, 범어, 만촌, 푸른숲, 시지 지점까지 총 7개의 점포를 운영하는 달구벌신협은 2015년 7월 말 3만여 명의 조합원과 4,505억 원의 자산규모로 성장했다. 전국 열차표 전산발매와 우편취급소를 설치, 조합원과 지역 주민의 편익에 앞장서고 있는 이곳에서는 주말농장, 와인 동호회, 커피숍, 문화센터, 산악회 등 다양한 문화를 조합원과 함께 나누고 있다.

　달구벌신협은 신협 역사상 처음으로 '조합원을 위한 아트센터'를 설립했다. '아트센터 달'이라는 이름으로 문화센터를 개관한 것이다. 공연장, 강의실, 카페테리아, 회랑식 갤러리, 야외 테라스 등을 갖춘 종합

문화공간 '아트센터 달'은 보름달 같은 풍요를 의미하며 이름을 지었다고 한다.

공연장의 구조부터 관객과의 소통을 염두에 두었다는데 무대 단을 일부러 만들지 않아, 단상과 단하가 따로 없다. 수평으로 짜서 공연자와 관객이 소통하도록 했으며 음향에 공을 많이 들여 음악회 공연도 가능하다. 영화감상도 가능하도록 객석도 영화관처럼 배열했다. 가든파티를 겸한 공간인 하늘정원도 있다. 개관 이후 연말 공연으로 〈라 보엠〉, 〈토스카〉와 함께 푸치니의 3대 걸작 오페라로 꼽히는 〈나비부인〉의 갈라 콘서트가 열리기도 했다.

조합원 18,000여 명에 자산규모 2,350억 원이 넘는 삼익신협은 조합원 자녀들을 위하여 어린이집을 운영하고, 조합원들과 함께 즐기는 가요 교실, 차밍댄스, 요가 교실 등 문화센터프로그램을 운영하고 있었다. 그러다가 꿈이룸협동조합과 함께하기로 했다.

대구시 달서구에 있는 삼익신협 건물 지하. 창고처럼 쓰였던 이곳은 두 달간의 실내장식 작업을 거쳐 공부도 하고 강연이나 모임도 할 수 있는 카페형 공간으로 대변신했다. 삼익신협이 고용노동부가 주최한 '2012년 청년 등 사회적 기업가 육성사업'에 선정된 바 있는 교육 · 문화 신생협동조합 '꿈이룸협동조합'과 손을 맞잡고 복합문화공간을 만들어 낸 것이다.

꿈이룸협동조합은 8명의 20~30대 청년 사회적 기업가들이 설립한 협동조합으로, 메시지 팩토리(기획 및 이벤트), Bud(방과 후 교실), 힐링 스페이스(텃밭 활용), 행복한 인문학 서당, 청소년 인문학센터, JAM(댄스·공연), 락북디자인(책 디자인), 미디어핀다(영상제작) 등 8개의 협동조합으로 구성돼 있다.

　이들은 2012년 정부 지원사업을 마치고 자립할 시기를 맞았다. 하지만 협동조합 운영을 위한 초기 사업비용 및 전문성 부족 등으로 어려움을 겪고 있었다. 이때 운명처럼 삼익신협이 손을 내밀어 줬다. 신협 지하 공간을 무상으로 빌려준 것이다. 이로 인해 문화공간이 탄생했다.

　삼익신협과 꿈이룸협동조합이 힘을 합쳐 만든 복합문화공간 '숨'은 카페형 교육·문화공간이다. 오전 10시부터 오후 6시까지는 저렴한 입장료를 받고 대학생과 지역 주민 등에게 학습이나 회의할 공간을 제공한다. 이와 함께 지역 주민과 초·중·고등학생 등을 대상으로 인문학·영상·경제 교육 등을 실시하는 한편, 취약계층 청소년을 대상으로 심리 상담도 병행할 계획이다. 또한 청년 기업의 제품과 공정무역 제품도 판매한다.

청년의 손으로 청년을 위한
협동조합을 만든다
: 청년협동조합

2015년, 전남대학교에 국내 최초의 성악협동조합이 설립되었다. 불안정한 예술 활동을 조금이라도 안정적으로 해나가기 위해 성악가들이 함께 뭉친 것이다.

> "청년들은 돈도 없고 시간도 없어요. 아르바이트하느라 시간이 없고 돈이 없어서 영화도 못 보고, 어디 놀러 가지도 못하는 상황이에요. 연주비를 조금이라도 받으면서 공연을 하면 많은 사람의 경험이 확장되고 그 경험을 통해 다른 세계로 한 발 나아갈 수 있을 거예요. 저희 협동조합에서 제공하는 것은 바로 그런 것들이죠."
>
> – 이성현(성악협동조합 이사장)

협동조합에서는 공연을 기획하고 성악가가 필요한 곳을 찾아 영업

활동을 하면서 스스로 일거리를 만든다. 일이 없을 때는 함께 모여 다양한 레퍼토리를 개발하기도 한다. 대학 내부에 협동조합을 설립했지만, 학교라는 테두리 안에 있는 것보다 사회에 나가 자신 있게 삶을 개척해 나갈 수 있도록 돕는 역할도 한다.

함께 있어서 더욱 꿈을 크게 꿀 수 있고, 미래도 풍부해진다. 이들이 모여 만든 젊은 협동조합에는 스스로 개척하는 청년 정신이 담겨있다. 그런데 이 성악협동조합은 또 다른 협동조합을 통해서 태어났다.

성악협동조합의 모태는 2013년 설립된 청년협동조합이다. 취업난을 겪고 있는 청년들을 돕기 위해 설립된 협동조합으로 취업에 필요한 멘토링은 물론 청년들의 창업이나 기업과의 연계를 돕는 협동조합이었다. 지난 3년 동안 청년협동조합은 37개의 청년 팀에게 멘토링을 제공하고 두 개의 청년협동조합의 설립을 도왔다. 청년들을 돕는 협동조합, 협동조합을 돕는 협동조합, 이런 일들이 가능했던 것은 협동조합의 뜻을 공감하고 지원하는 남원의 온누리신협이 있었기 때문이다. 신협은 이렇게 전국의 협동조합이 '함께 공동체'의 꿈을 만들어가는 데 도움을 주고 있다.

"2012년 협동조합법 제정 후 1만 개가 넘는 협동조합이 설립됐지만, 실질적인 청년 일자리 창출이나 실효성에서는 아쉬운 부분이 많아요. 우리 선배 협동조합들부터 다양한 인큐베이팅의 장을 만들어 청년들이 꿈을 실현해나가도록 더 많은 기회를 줘야 합니다"

- 오종근 (온누리신협 전무)

세계 명품의
탄생지가 되다
: 이탈리아 볼로냐

이탈리아 북부의 에밀리아 로마냐주의 주도로 1960년대 말까지 이탈리아에서 가장 가난한 도시로 꼽혔던 볼로냐. 그런데 지금은 유럽의 10대 부자 도시 중의 하나가 되었다. 현재 볼로냐의 1인당 소득은 이탈리아 평균의 2배인 약 4만 유로, 우리 돈으로 약 5천만 원에 달하고, 실업률도 3% 이하로 이탈리아 실업률의 1/4에 불과하다.

이 같은 극적인 변화의 요인은 바로 400여 개에 달하는 협동조합 덕분이다. 볼로냐는 전체 기업의 1/3을 차지하고 있을 정도로 협동조합이 발달한 도시로 꼽히며, 협동조합의 수도라 불리고 있다. 그리고 볼로냐를 둘러보면 다른 도시에서 흔하게 볼 수 있는 다국적 유통 체인이 아니라 'coop'이라고 협동조합 브랜드를 쉽게 접할 수 있다.

볼로냐에 가면 카페의 종업원도 심지어 노숙자들도 협동조합의 조합원이다. 아르바이트생들의 협동조합도 있으며 유치원 교육도 협동조합으로 이루어진다. 이곳에서 협동조합은 자본가들의 '기업'에 대항해 노동자들이 함께 이익을 나누는 서민들을 위한 제도로 인식된다. 협동조합은 도시의 산업과 일상에 긴밀히 연관되어 있으며 시민들의 삶에 가장 큰 영향력을 행사한다.

현재 에밀리아 로마냐주에는 8천여 개의 협동조합이 있으며, 로마냐주의 총생산 중 30%가 협동조합 기업에서 창출된다. 볼로냐에는 현재 400여 개의 협동조합이 있는데, 도시 생산의 45%가 협동조합에 의해 창출된다. 볼로냐가 이탈리아 협동조합의 수도라고 불리는 까닭은 바로 이 때문이다.

볼로냐가 협동조합의 메카가 된 것에는 역사·문화적인 요인이 크다. 볼로냐는 예전부터 왕자와 백작, 공작 등 귀족들이 거주하지 않아, 전통적으로 계급 문화가 존재하지 않았다. 그래서 대부분 시민은 자연스럽게 평등한 입장에서 일할 수 있었고, 협동조합의 평등한 구조를 다른 지역보다 쉽게 받아들일 수 있었다. 1800년대 후반에는 가톨릭운동과 사회주의 운동이 활발하게 일어났고 이러한 운동을 통해 적극적으로 사회운동에 참여하는 문화가 형성되기도 했다.

문화적인 토대 외에 사회제도적 뒷받침도 볼로냐의 협동조합 발달에 큰 영향을 미쳤다. 이탈리아 헌법 제45조는 협동조합 운동의 보장을 직접 명시하고 이를 지원한다는 법적 근거가 있는데 이는 시민들이 협동조합을 선택하는 데 중요한 요인이 되었다. 볼로냐는 이미 1947년 헌법으로 협동조합 운동을 적극적으로 장려했으니 가히 협동조합의 수호 도시라 불릴만하다.

볼로냐의 협동조합은 영리기업과 비교해 세제 혜택을 받는다. 영리기업이 이윤의 27%를 세금으로 내는 데 비해, 협동조합은 이윤의 70%는 비과세고 나머지 30%에 대하여 그중 27.5%만 세금으로 내는 구조다. 또 협동조합이 새로운 협동조합에 재투자하면 이에 대한 면세 혜택도 주어진다.

볼로냐에서는 협동조합 간의 협동도 잘 이루어진다. 한 협동조합에 실업자가 생기면 다른 협동조합에서 그 실업자를 고용하는 방식으로 협동조합의 틀 안에서 고용불안을 해소하는 방법을 찾는다. 하나하나의 협동조합은 작고 힘이 없지만, 협동조합이 연대하면 세계 경제와 같은 큰 태풍에서도 안전할 수 있다.

볼로냐 주민들은 소비자협동조합부터 생산자협동조합까지 삶의 모든 활동을 협동조합과 함께한다. 지금도 다양한 형태의 협동조합이 생겨나고 연합하고 있다. 뜻을 모아 함께 아이를 키우는 육아협동조합도 있고, 가난한 연극배우들의 협동조합도 있다. 육아협동조합은 함께 아이를 돌보며 육아를 책임지고, 연극배우협동조합은 가난한 연극배우들이 협동조합의 지원 아래 생계 걱정 없이 풍요롭게 삶을 이어갈 수 있도록 한다. 연극협동조합의 배우는 협동조합 덕분에 지속해서 일할 수 있으며 배우들의 비수기인 8월에도 일이 끊이지 않는다. 협동조합 조합원이 된 배우들은 다음 달에 일자리가 없을까 봐 불안해하거나 두려워할 필요가 없다.

협동조합이 만든 명차, 페라리와 람보르기니

세계적인 명차 페라리와 람보르기니 역시 대기업이 아닌 볼로냐 지역 일대 협동조합에서 생산되고 있다. 특히 이 지역은 제조업 기반이 워낙 강해 세계적 경쟁력을 갖춘 중소기업이 많은데, 수천 가지가 넘는 자동차 부품을 수많은 중소업체가 협력적 네트워크 안에서 지식과 기술을 공유하며 명차인 람보르기니와 페라리를 만들어 내고 있다. 이들 협동조합이 가장 중요하게 생각하고 있는 것은 '경쟁'이 아닌 '협력'으로 이는 세계적인 명차를 만들어 낼 수 있는 원동력이 되고 있다.

국내 기업에서 자동차를 생산하기 위해서는 타이어부터 시작해 수많은 부품을 처음부터 완료 단계까지 기업 스스로 해나가야 하지만, 람보르기니와 페라리는 우수한 기술력을 갖춘 기업들이 우수 제품만을 모아 조합해 만들어 내는 방식이다. 그 결과 기업 스스로 기술개발과 제작까지 해내는 시간 및 투자비용보다 볼로냐의 자동차들은 서로의 기술을 공유함으로써 누구보다 앞선 생산이 가능해졌다. 협력의 결실은 우수한 기술력과 안전성을 인정받으며 수억대를 호가, 누구나 선망하는 꿈의 차로 부상하는 것으로 맺어졌다.

명품 수공예 공방, 가구장인협동조합

이탈리아의 명품은 공장이 아니라 대부분 동네 공방에서 나온다. 장인의 손끝에서 오랜 세월에 걸쳐 하나씩 생산된다. 이탈리아의 장인 기업은 140만 개 이상이고, 약 290만 명이 장인 기업에 종사한다. 이탈리아는 패션 못지않게 명품 가구로 유명한데 명품 가구는 재단부터 완성까지 일일이 장인의 손에 의해 제작된다. 이 과정에서 중요하지 않은 공정은 하나도 없다. 이상이 있는지 없는지 일일이 손으로 만져서 확인하고 만든다.

이탈리아에서는 명품 가구를 생산하기 위한 정부 차원의 지원이 있었는데, 소규모의 명품 공방이 함께하는 협동조합의 설립이 그것이다. 가구장인협동조합에는 많은 가족 기업이 조합원이 되었다. 전통적인 가구 생산업을 3~4대 넘도록 계승해 온 장인의 공방이다.

이탈리아 정부에서는 수공예산업 분야와 관련한 법령을 별도로 제정하여 장인과 장인 기업에 대한 정의를 새로 하고 지원기반을 마련했다. 이런 육성정책으로 인해 조합원들은 정보를 교환하며 함께 가구를 생산하며 시너지를 창출하고 있다. 협업을 통해 경쟁력을 유지하며 장인의 전통과 명맥을 이어가고 있는 것이다.

협동의 도시 볼로냐에서는 특유의 협업으로 아름다운 가구뿐만 아니라, 새로운 협동의 가치를 만들었다. 협동의 정신을 공유했기에 이탈리아 볼로냐는 협동조합의 도시가 될 수 있었다. 오직 돈 되는 일만 좇았다면 오늘의 볼로냐는 없었을 것이다.

관광 상품이 된 치즈협동조합

볼로냐에서는 무엇이든 협동조합이 된다. 협동조합의 천국에서 빼놓을 수 없는 대표적인 협동조합이 바로 치즈협동조합이다. 세계 최고의 파르메산 치즈가 생산되는 치즈 공장은 60개의 낙농업체가 모여서 만든 볼로냐의 대표적인 협동조합이다.

치즈 공장의 숙성창고 안에는 숙성을 기다리는 치즈가 가득하다. 우유 생산 조합원에서 우유를 받아 치즈 생산 조합원이 치즈를 만든다. 모든 방식은 12세기부터 이어져 온 전통방식이다.

치즈는 우유를 끓여 압착한 후, 장기 숙성해야 하기 때문에 많은 노동력과 자본이 필요했다. 이런 어려움은 협동조합으로 해결하며 새로운 경제 모델이 될 수 있었다. 협동조합에서 생산한 치즈는 볼로냐를 방문한 관광객들이 반드시 하나쯤은 구매하는 기념품이 되었다.

협동조합을 위한
협동조합이 되다
: 레가협동조합

'협동조합의 천국'인 이탈리아는 개별 협동조합뿐 아니라, 협동조합 연합체도 발달했다. 이탈리아 협동조합연맹인 레가협동조합(LEGACOOP), 협동조합연합(CCI), 협동조합총연합(AGCI), 이탈리아협동조합연합(UNCI) 등 4개의 대표적인 협동조합 연합체가 있다. 이탈리아 전체 협동조합의 약 50%가 이들 4개 조직에 소속돼 있는데 그중 1886년에 창설된 레가협동조합이 가장 역사가 오래되었다.

레가협동조합은 '연결LEGA'과 '협동조합COOP'의 합성어다. 협동조합끼리의 연결고리 역할을 하는 것이 레가협동조합이다. 레가협동조합은 1만 5,000개 이상의 농민 · 소비자 · 사회적 협동조합이 회원으로 활동하고 있고, 조합원은 830만 명이 넘으며, 연 매출도 약 565억 유로에 달한다. 1995년에 만들어진 레가협동조합의 가치 헌장에는 자신들이 지향할 방향을 다음과 같이 선언하고 있다.

'조합원은 모든 종류의 상호부조에서 근본적인 핵심축이며, 조합원과 사회적 공동체 그리고 미래 세대의 이익을 위해 경제적인 임무를 수행한다.'

거의 모든 분야를 망라할 정도로 촘촘하게 조직돼 있는 레가협동조합에서 하는 일은 다양하고도 명확하다. 조합이 소속된 조합원의 권리와 이익을 대변하듯 레가협동조합은 소속 조합의 권리와 이익을 지킨다. 협동조합 간에 분쟁이 생기면 대화와 민주적인 방법으로 중재하고, 초국적 자본의 공격에서 조합을 지키기 위해 세계 협동조합 연맹들과 연대하기도 한다. 소속 조합이 이탈리아에서 제 역할을 할 수 있도록 정치적 대표가 돼 여러 이슈를 조정한다.

전쟁과 파시즘 그리고 세계화 등 여러 시련에도 '공존'의 가치를 이해하고 어우러져 사는 협동문화를 이어온 덕분에, 이탈리아에는 법적으로도 협동조합을 돕는 우수한 안전장치들이 존재한다. 대표적인 것이 코프펀드(Coopfond)다.

코프펀드는 레가협동조합의 상호기금으로, 회원 조합들은 법에 따라 연간 순수익의 3%를 펀드로 적립해 조성한다. 코프펀드는 새로운 협동조합을 설립하거나 기존 협동조합의 발전을 촉진하기 위해 도입되었으며, 협동조합이 문을 닫아도 남은 돈은 코프펀드로 가서 다시 새로운 협동조합을 지원하거나 결성할 때 쓰인다. 협동조합을 돕는 협동조합 인큐베이팅 펀드인 셈이다.

코프펀드는 현재 4억 3,000만 유로 이상의 자산을 보유하고 있으며,

500개 이상의 프로젝트에 관여하고 있다. 코프펀드와 별개로 레가협동조합은 1994년 협동조합 개발 기금을 만들어 24개의 협동조합 설립을 지원하고, 1,064명을 새로 고용하기도 했다.

레가협동조합에 소속된 조합의 구성 또한 다양하다. 소비자협동조합, 고용·생산 협동조합, 농업협동조합, 보험·문화·여행·스포츠·여가 관리 등이 포함된 협동조합, 장애인이나 농업의 2차 산업 등의 활로 개척을 위해 만들어진 공익기관으로 운영되는 사회적 협동조합, 운송 협동조합, 수산업 협동조합, 주택협동조합, 전국 소매 협동조합, 문화 협동조합, 전국 서비스 및 관광 협동조합, 저널리스트·출판 및 커뮤니케이션 협동조합, 후생·공제 협동조합 등 모든 산업 전반에 걸쳐 협동조합이 있다.

레가협동조합의 가장 중요한 일은 소속 협동조합 간의 네트워크를 높이는 것이다. 레가협동조합에는 생산에서 가공, 유통, 금융 등을 내부에서 모두 해결할 수 있을 정도로 다양한 협동조합이 가입돼 있다.

이를 이용해 하나의 완성된 제품을 만들 때 외부 영리기업에 의존하지 않고, 가능하면 내부에서 모두 소화하도록 한다. 협동조합과 관련된 모든 건물은 소속된 주택협동조합에서 맡아서 하는 식이다. 고용시장이 불안정할수록 이런 식의 레가협동조합의 운영방식은 조합을 안정시키는 요소가 된다. 또한 국제적인 문제까지도 다룬다. 생산자협동조합에서 한국에 제품을 팔 방법을 요청하면 수출에 도움을 주기도 한다.

도산 위기에 처한 기업을 돕는데도 레가협동조합은 큰 역할을 한다. 실제로 한 기업이 도산 위기에 처하자 직원들이 협동조합을 조직한 뒤 레가협동조합의 지원을 받아 협동조합 기업으로 재탄생하여 기업을 살려내기도 했다. 이처럼 협동조합의 협동조합으로 불리는 레가협동조합은 협동조합 간의 네트워킹, 신규 설립 협동조합 인큐베이팅, 지자체와 정부를 상대로 한 협동조합의 대변, 정부 지원 외의 개별적 지원 등 협동조합이 성장하고 발전하는 데 큰 역할을 하고 있다.

협동조합의 새로운
패러다임을 제시하다
: 융복합 협동조합

"변화하는 시대에 맞게 신협도 이제 금융협동조합에만 머물지 말
고 새로운 성장모델로써 생산, 금융, 복지, 유통, 서비스 등이 총망
라된 종합 협동조합으로 소위 '융복합 협동조합'*을 지향해야 한다
고 생각합니다. 그리고 협동조합 간 다양한 연대와 협력을 통해 지
역사회 협동조합과 유기적인 연결을 함으로써 새로운 시대를 준비
해야 합니다. 지역사회의 협동조합 생태계가 활성화되고 그 중심에
신협이 함께하는 미래를 그려봅니다."

– 문철상(신협중앙회장)

---

* 융복합 협동조합이란 각 조합의 특색을 살려 금융 · 복지 · 유통 등을 총망라한 새로운 형태의 협동조합
  모델을 말한다. 신협에서는 지역의 다양한 협동경제 조직을 네트워크로 그물망처럼 연결하여 지역개발
  사업의 단순한 양적 확대가 아니라 질적 변화를 모색하고자 한다. 신협이 매개가 되어 연대와 공생의
  길을 열어가겠다는 데 그 의미가 있다.

신협에서 말하는 융복합은 '현재의 경계를 넘어선다.'라는 것을 전제로 한다. 여기서 '경계'란 다른 말로 '영역', '한계'를 뜻하고, '넘어선다'라는 것은 '넓어진다', '달라진다'라는 의미가 있다. 즉 신협의 경계를 넘어선다는 것은 사업의 영역을 확장하고, 사업모델을 다양화함은 물론 영업 네트워크까지 넓힌다는 것을 의미한다. 아울러 이에 따른 사업방식의 전환 등 경영 전반에 걸쳐 이루어지는 혁신적인 변화를 의미한다. 특히 주의할 것은 경계를 넘어서는 데 있어서 자본 논리에 의한 문어발식 또는 잡식성의 확장방식이 아니라, 협동 논리에 의한 경쟁력과 상생 기반의 구축 차원에서 접근하는 것이어야 한다. 신협은 융복합 형태의 사업구조 및 조직구조를 가진 협동조합이며 앞으로 융복합 개념의 경영방식과 조직문화를 가진 협동조합으로 확산 발전하고자 한다.

신협에서는 융복합을 통해 금융 가치에 국한하지 않고 구성원의 삶의 질을 향상할 수 있는 다양한 가치들을 창조하고 분배할 수 있도록 노력하며, 가치창조를 핵심 경쟁력으로 삼아 효율적인 성장을 추구한다. 융복합을 통해 협동조합의 참다운 모델을 구축하고자 하는 신협은 합리적인 호혜성과 보편적인 공공성을 실현하기 위하여 노력한다. 합리적인 호혜성은 조직구성원 간에 특별한 편익을 주고받는 관계를 맺음으로써 얻어지는 상호 간의 이익이다. 보편적인 공공성은 동질 간의 협동과 이질 간의 연대를 통하여 개인적인 수준을 넘어 사회적 관계에 미치는 역할 및 영향력을 말한다.

융복합의 가치를 추구하는 신협은 협동조합의 철학과 정체성을 구체적으로 실천하고 있다. 협동조합 철학과 자본주의 원리의 조화를 꾀하는 경제적인 생활공동체로 지역사회에서 협동조합의 정체성을 선도적으로 실현하여 협동조합의 참다운 모델과 상호금융의 진정한 지도자가 될 것이다.

신협이 그리는 미래의 모습은 '융복합 신협'에 있다. 융복합 신협은 농산물 판매 등 경제사업과 기존의 금융사업이 연결된 형태의 협동조합으로 세계에서 가장 성공한 형태의 융복합 협동조합의 형태다. 스페인의 몬드라곤, 이탈리아의 볼로냐에서 시작된 융복합 협동조합은 한국만의 특별한 DNA와 결합해 새로운 융복합의 모델을 만들고 있다. 한국 신협에서도 이미 원주 밝음신협이나 홍성 풀무신협, 성남 주민신협, 제주 금빛신협, 고산신협 등과 같은 곳에서 미약하지만, 융복합 협동조합모델로서의 가능성을 보여주고 있다.

제주에 새로운 바람이 불고 있다. 신협에서 시작한 융복합 협동조합 실험이 바로 그것으로, 중심에는 제주 금빛신협이 있다. 서울 강북신협과 협약을 맺고 곽지면과 애월읍에서 생산한 신선한 농산물을 싼 가격에 서울의 신협 조합원들에게 판매하고 있다. 도농 직거래를 적극적으로 전개하는 한편 농민과 조합원, 조합이 모두 이익을 내는 모델을 확산하기 위해 노력하고 있다.

끝없이 펼쳐진 제주 애월의 호박밭에도 사람 사는 냄새가 난다. 제주 애월읍에서 단호박 농사를 짓는 젊은 농부는 하나라도 더 빨리 수확하기 위해 심혈을 기울이고 있다. 그는 단호박 작목반 조합원, 김형철 씨다. 한여름 뙤약볕에 몸을 굽혀 호박을 따느라 허리가 부러질 것 같지만, 수확하는 재미가 쏠쏠하다는 그는 2008년 직장생활을 뒤로하고 귀농을 결심했다.

도시에서 직장생활을 할 때는 손이 떨릴 정도로 스트레스가 심했다. 기안 작성을 하지 못할 정도로 몸이 안 좋아졌다. 직장을 그만두고 제주에 정착하며 김형철 씨는 단호박협동조합에 가입했다. 조합원이 함께 모여 서로 의견을 나누며 농산물을 키우는 공동체 속의 삶이 만족스러웠다.

> "협동조합은 참 좋아요. 동네 선배들이나 삼촌들이 자기가 평생 고생하면서 경험했던 기술을 친절하게 알려주고, 그런 얘기를 들으며 농사를 짓는 거죠. 주위의 도움으로 그나마 정착할 수 있었어요. 주위에서 나 몰라라 했으면 제주도를 떠났을 거예요."
>
> – 김형철(제주 애월읍 단호박 작목반 조합원)

김형철 씨가 소속된 협동조합은 농촌의 영세한 협동조합과 금융 협동조합이 연대해서 만든 협동조합연합이다. 협동조합에서는 도농 직거래를 하고 위탁판매도 하며 농산물 유통의 허브 역할을 하는 중이다.

> "수확되면 수확된 것들을 전국 각 도매시장 아니면 대형 납품업체에 계약을 맺어서 팔아드리고 있어요. 또 도시와 농촌 신협 간에 직

거래도 추진하고 있습니다."

-강성수(제주 금빛신협 이사장)

금빛신협의 목표는 농촌의 지속 가능한 성장이다. 새로운 사업모델을 만들어서 오래전부터 우리 민족에게 있던 협동의 DNA, 품앗이 정신을 되살리고 있다.

제주 한경면에도 양배추 농사를 짓는 신협 조합원이 있다. 이들은 일손이 부족한 농촌을 찾아 일손을 거들고 신협에서는 비료를 사들여 농민들에게 판매한다. 농민들은 신협에 와서 비료를 사고 신협은 고령의 농민들을 위해 농약 살포 대행 서비스를 하기도 한다.

함께 잘 살겠다는 정신이 만든 신풍속도, 행복을 품은 새로운 경제의 기초가 제주의 신협에서 시작되고 있었다. 그곳에서는 사람과 사람을 잇는 신협 직원들의 노고가 함께 영글어 간다.

금빛신협의 직원들은 마을 사람들을 모두 알고 가족처럼 살갑다. 누구네 손님이 왔는지, 올해 콩 농사를 누가 얼마나 지었는지, 모르는 소식이 없다. 금빛신협은 마을회관이자 어르신들의 사랑방으로 누구에게나 문이 열려있다. 마을 사람들은 농사에 필요한 물품이 있으면 바로 금빛신협으로 달려간다. 좋은 물건을 싼값에 구매하니 신협에 오면 웃음이 난다. 신협 직원들은 일손이 부족한 조합원들에게 가끔 손을 빌려주기도 한다.

개인적인 시간을 쪼개서 하는 일이라 힘이 들만도 한데, 신협 직원들은 오히려 마음이 편하고 즐거워진다고 말한다. 직원들은 조합원들을 삼촌이나 이모, 아버지, 어머니라 부르고 조합원들도 직원들을 마치 조카들을 대하듯 먼저 말을 건다. 규모는 도시보다 훨씬 작지만, 직원과 조합원의 행복지수는 전국 최고에 이를 정도다.

처음 조합을 설립한 것은 1972년, 당시만 해도 마을 주민들은 조합이나 신협과 같은 말만 들어도 어려워했다. 제주는 본래 자급자족이 기본이라, 함께 조합을 결성하는 것이 낯선 문화였다.

조합원 모집부터 난관이었다. 집마다 일일이 문을 두드리며 주민들과 만나 조합의 장점을 설명하고 설득하는 험난한 과정이 이어졌다. 그러면서 지금까지 지역 주민들과 얼굴을 마주하며 지내는 것이 금빛신협의 전통이 되었으니, 가족처럼 가까워진 것 또한 그런 이유 덕분일 것이다.

금빛신협의 직원들은 조합원들을 단순히 고객으로만 대하지 않고 가족처럼 살갑게 여긴다. 대출 관리에서도 그들의 마음은 여전히 가족과 같다. 연체되면 당장 정해진 규칙대로 해결하기보다 우선 조합원이 처한 상황을 가장 먼저 이해하고 조합원에게 합리적인 대안을 찾아주기 위해 노력한다. 그러니 서로에 대한 인간적인 유대관계는 깊어지고 불만은 줄어든다. 각박한 요즘, 법보다 인정을 먼저 생각하는 신협이다.

금빛신협을 세운 이들은 대부분 제주도 토박이였다. 자신이 알고 있는 신협을 만들면 지역 주민들에게 도움이 될 것이라 누구보다 확신하고 있었다. 그래서 힘이 들어도 어렵게 신협을 만들고, 키웠다. 지역 주민들이 좀 더 제대로 된 노동의 가치와 혜택을 받을 수 있도록 신협에서 지원하기로 했다.

그것이 바로 2000년 설립한 곽신영농조합법인이다. 금빛신협에서 지원해서 만든 영농조합법인은 나이가 많은 어르신들을 위해 설립한 것이다. 손수 농산물을 들고 찾아오는 어르신들을 위하여 직접 나서서 중간 수수료도 빼고 집하와 출하를 돕는 영농조합을 만들었다. 직원들 입장에서야 힘들고 귀찮은 일이 더해졌지만, 이들의 노력은 어르신들의 미소 하나로 보상받았다.

현재 곽지리에는 금빛신협의 든든한 지원 아래 양배추, 브로콜리, 단호박, 콜라비 작목회 등 다양한 자생 단체가 활발하게 활동하며 농가 수익을 늘리고 있다.

특히 금빛신협 한마음어머니회와 금빛신협 내몸사랑동우회는 다양한 봉사 활동과 외부활동을 하고 있고 2012년도부터 매년 다모아 여행적금 추진으로 농사일에 지친 농민들에게 새로운 활력소를 제공하고 있다.

금빛신협에서 지원하는 영농조합법인에서는 금빛신협의 직원들이 무상으로 농작물의 집하와 출하를 돕고 수익금은 고스란히 주민들의 통장으로 들어간다. 한 푼이라도 더 챙기고 싶은 것이 사람의 욕심이지만, 금빛신협은 주민들에게 모든 이익을 양보한다.

물론 신협 업무 외의 활동들이 바로 신협의 실적이 되는 것은 아니다. 농협에서는 정부로부터 다양한 지원을 받지만, 신협은 자생적으로 사업을 추진해야 하므로 어느 정도의 희생은 필수적이다. 하지만 금빛신협 직원들은 주민들을 위해 할 수 있는 일이 있어 감사하다고 말한다. 이런 직원들의 마음을 아는 주민들은 다른 은행이 아닌 신협만을 이용한다. 직원들이 바라는 최고의 보상이다.

이런 노력을 인정받아 금빛신협은 2011년 제주지역본부 경영평가 건전성 부문 최우수상과 2014년 경영평가 우수상을 받았다. 금빛신협의 실적은 도내에서도 상위권을 꾸준히 유지하는 튼실한 신협으로 소문이 자자하다.

제주 고산신협도 조합원과 신협 직원들이 함께 융복합의 미래를 실천하는 중이다. 1977년 5월 1일 설립되어 40년이라는 긴 역사를 지닌 고산신협은 조합원의 대다수가 농업에 종사하고 있는 전형적인 농촌 조합이다. 조합원들의 주 소득원이 농가소득이라 고산신협은 농산물 출하 및 안정적인 소득 확보를 위한 복지사업으로 농산물 위탁판매를 시작했다. 이곳에서 주로 판매하는 상품은 제주의 특산물인 마늘, 브로콜리, 콜라비 등이다. 덕분에 조합원과 직원들의 사이가 한층 가까워졌다.

2005년 7월 7일, 고산 신용영농조합법인을 설립하여 본격적으로 체계적인 농산물 위탁판매사업을 시작한 고산신협은 2014년에는 농산물 위탁판매액이 80억 원으로 인근 농협보다 많은 농산물 출하 실적을 보이기도 했다. 이러한 실적은 조합원들에게 돌아갔다. 출하 금액의 0.8%의 수수료를 환원하여 농가들의 경제적 어려움을 덜어주었다.

'더불어 사는 사회'를 만들겠다는 신협의 정신과 설립취지를 바탕으로 조합원의 미래가 곧 조합의 미래라 생각하며 조합원의 만족을 우선으로 하는 고산신협. 문턱이 낮은 서민금융기관으로서, 지역 내 크고 작은 문제점을 함께 해결하며 지역사회의 발전을 위해 일하는 고산신협의 역할을 통해 융복합의 내일을 그려볼 수 있다.

스페인의 산악도시가
협동조합의 메카로 떠오르다
: 몬드라곤

세계적으로 유명한 협동조합의 메카는 이탈리아의 볼로냐와 스페인의 몬드라곤이다. 최근 이들 협동조합은 융복합 협동조합을 통해 새로운 미래를 준비하고 있다.

세계 최대의 협동조합 복합체인 몬드라곤이 자리 잡은 스페인 바스크 지역은 스페인과 프랑스 국경 사이에 있는 곳으로, 역사적으로 많은 외침이 있었던 지역이다. 1941년 젊은 신부인 호세 마리아 아리스멘디아리에타José María Arizmendiarrieta가 이곳으로 부임했을 무렵, 이 지역은 독일군의 공습을 당해 폐허가 되었고 1만여 명의 시민 대부분이 고향을 떠났다. 가난한 주민들의 삶을 구제할 방법을 찾던 호세 마리아 신부는 생산협동조합 운동을 시작했다.

그가 가장 먼저 한 것은 우선 기술학교를 만드는 것이었다. 의식 있는 젊은이들이 프랑스군에게 거의 목숨을 잃은 상태에서 어린아이들부터 가르쳐야 뭔가를 할 수 있겠다는 생각이 들었기 때문이다. 학교를 만들고 운영하는 과정에 주민들의 참여가 절실했는데, 신부는 패배의식과 공포에 빠져있던 주민들에게 웃음을 찾아주고 다시 희망을 북돋는 것이 필요하다고 판단했다.

그래서 학교와 함께 축구클럽과 축구리그를 만들고 요즘으로 보면 '스포츠복권'도 만들어 그 수익금을 고스란히 마을 기금으로 적립했다. 이외에도 성당 조직을 다양하게 확대하고 활성화해 이후 약 15년 동안 주민 운동을 진행했다. 그 결과 1956년, 첫 번째 협동조합이 만들어질 수 있었다. 가스 스토브와 가스 취사도구를 생산하는 첫 번째 협동조합인 '울고'다.

첫 번째 협동조합 '울고'가 만들어진 이후 1970년대 후반까지는 유럽 경제 및 스페인 경제 전체가 고도 성장기를 구가하고 스페인 내수시장의 규모도 급속히 커지고 있었다. 이 시기에 몬드라곤협동조합 운동의 주요 성장 동력은 제조업이 차지했는데, 어느 정도 기술력과 자본력을 가진 제조업체들은 상당히 빠른 속도로 성장할 수 있는 여건이었다. 기술력과 자본력을 갖춘, '경쟁력 있는' 제조업을 발전시키기 위해 1957년 곧바로 '노동인민금고'를 설립했다. 이후 20여 년 동안 몬드라곤에서는 노동인민금고를 배경으로 제조업 협동조합이 성장할 수 있게 되었다.

이후 1960년대와 1970년대, 그리고 1980년대를 거치면서 거대한 협동조합으로 성장한다. 2015년 기준으로 몬드라곤에는 약 260개 회사가 금융, 제조업, 유통, 지식 등 4개 부문을 포괄하는 하나의 기업집단으로 조직되어 있다. 한국으로 따지면 일종의 재벌기업인데, 다만 그 주인이 특정 가문이 아니라 회사에서 직접 일을 하는 노동자들이라는 점에서 차이가 있다. 노동자들이 소유하고 경영자를 선임하며 경영 전체를 관리 감독하는 체제다.

몬드라곤그룹의 전체 자산은 우리 돈으로 약 54조 원, 제조업과 유통업 부문의 2015년 매출은 대략 121억 유로(한화 약 15조 원) 정도 되는 규모다. 총고용은 7만 5천 명인데, 이중 약 3만 5천여 명이 출자금을 낸 노동자 조합원, 즉 주주들이고 나머지는 조합원으로 점차 전환되어 가고 있는 비조합원 노동자들이다.

몬드라곤에서는 스페인 최대의 가전 브랜드인 파고르, 스페인 내의 매출 3위 슈퍼마켓 체인인 에로스키, 몬드라곤 대학까지 협동조합으로 운영된다. 제조업, 금융업, 서비스업 등 256개의 기업이 협동조합인 몬드라곤에서는 세계 금융위기 때, 다른 기업들은 일자리를 줄였지만 이곳은 오히려 일자리를 늘렸다.

이 역시 조합원들의 의견이 반영된 것이었다. 조합원들은 어려움을 극복하기 위해 일자리를 줄이는 것이 아니라, 사람이 필요한 곳으로 재배치하는 방법을 택했다. 또한 실직해도 월급의 80%를 실직수당으로 받게 조치했으며 혁신적인 사업에는 투자를 아끼지 않았다. 모든 노동자는 주인의식을 갖고 일을 하며, 이것이 몬드라곤을 세계 최대의 협동조합 도시로 만들어 냈다.

2006년 몬드라곤은 첫 번째 협동조합인 울고의 창립 50주년을 맞이하여 기존의 몬드라곤 협동조합복합체(Mon dragon Cooperative Complex)라는 긴 이름을 떼고 네트워크 전체의 이름을 '몬드라곤'으로 개명했다. 그리고 산업, 금융, 소매, 지식 등 4개의 부문으로 바꾸었다.

몬드라곤에서는 어떻게 협동조합 운동이 성공했을까. 융복합 협동조합이 성공하기까지 몬드라곤에서의 협동조합 역사는 사회를 변화시키는 거대한 사회운동의 한 물줄기였다.

1940년대, 호세 마리아 신부는 작은 마을에서 주민의 힘을 하나로 모으기 시작했다. 그의 전략은 당시 인구 6,000명 정도의 작은 마을 주민들을 모아 하나로 결집하는 것이었다. 학교를 설립하며 주민들을 하나로 결속하게 했고 이 과정은 이후, 마을 주민들이 적극적으로 참여하는 협동조합은행 설립까지 뻗어나가는 동력으로 작용했다. 그리고 1990년대에 이르기까지 몬드라곤은 협동조합 네트워크를 통해 성장신화를 이루었다. 특히 제조업을 중심으로 비약적인 성장을 이루었다. 몬드라곤협동조합은 '기술연구소'를 만들어 빠른 속도로 발전하는 제조업 기술변화에 대응하고자 했다.

이때 만들어진 몬드라곤의 기술연구소들은 스페인 전체를 이끌어가는 기술연구소로 성장했다. 또한 몬드라곤의 기술학교 졸업생들이 몬드라곤제조업협동조합의 신규 기술인력으로 육성되어 지속할 수 있는 경제 생태계를 유지하는 구조를 갖추게 된다.

몬드라곤에서는 노동자 조합원들의 안정된 노동환경 조성을 위해 독자적인 사회보장협동조합인 라군아로를 만들었다. 라군아로는 국가 사회보장체제에 가입하지 못했던 몬드라곤 노동자 조합원들에게 의료, 산재, 고용, 연금 보험의 성격을 종합적으로 제공하는 강력한 노동자 복지시스템이다. 그리고 21세기의 몬드라곤은 협동조합 정신을 기반으로 세계화에 도전하기 시작했다.

금융, 제조, 유통, 기술 연구의 4개 영역으로 흩어져 있는 협동조합들과 그 지원기관들을 하나의 강력한 시스템으로 통합한 것이 바로 몬드라곤이다. 이것은 몬드라곤협동조합 운동의 내적 요구, 즉 '통합 단일 브랜드'에 대한 요구가 반영된 것이기도 했지만 유럽의 경제통합과 1990년대 이후 급속히 진행된 '세계화'에 대한 대응의 성격이 훨씬 강하다.

노동인민금고와 라군아로를 중심으로 한 금융그룹은 몬드라곤협동조합만을 고객으로 하는 것에서 벗어나 스페인 내에서 상당히 중요한 은행으로 성장하기 위한 전략을 구사했다. 이 결과 노동인민금고는 스페인 전역에 지점을 갖춘 종합 은행으로 성장했고 라군아로는 일반인을 상대로 하는 보험사업에서 큰 성과를 거두고 있다.

하지만 몬드라곤에도 경제위기는 찾아왔다. 2008년 뉴욕에서 촉발된 금융위기로 몬드라곤은 2008~2009년에 소폭의 매출 및 고용감소가 이루어지다가 2010년과 2011년 다시 어느 정도 회복했다.

몬드라곤의 협동조합 운동은 끊임없이 진화하고 있다. 몬드라곤은 저성장, 양극화가 점점 심해지는 시대에 콩 한 쪽도 나누어 먹는다는 원칙의 중요성을 강조한다. 이는 오래된 조합원 노동자들의 희생과 헌신에서 비롯된다.

몬드라곤협동조합의 기업 목표는 이윤 극대화나 기업가치 극대화가 아니라 '고용의 확대'로 명시되어 있고 노동자 조합원들은 가입 시 약 1만 4천 유로(한화 1,700만 원)의 출자금을 내며, 매년 평균 7,000만 원의 높은 연봉을 받는다.

몬드라곤의 주민들은 1년에 한 번 배당을 받지만, 배당금은 출자금 계좌에 쌓아놓았다가 퇴직할 때 찾는데, 보통 30여 년 일한 조합원들이 퇴직 시 찾아가는 출자 배당금은 약 20만 유로(한화 약 2억 5천만 원) 정도다.

몬드라곤협동조합은 협동조합 운동으로 사회 안전망까지도 구축하고 있다. 1960년대 스페인 국가에서 운영하는 사회보장제도에서는 몬드라곤 노동자 조합원은 노동자로 인정되지 않았다. 그래서 사회보장 혜택을 받기 힘들었는데 이에 대응하여 몬드라곤은 의료보험, 고용보험, 국민연금, 산재보험의 기능이 합쳐진 형태의 자체적인 종합사회보장협동조합을 발족하기도 한다.

몬드라곤의 가장 중요한 기능은 '지원위원회'와 '재배치위원회'를 통한 실직 노동자 조합원의 재교육과 재배치이다. 몬드라곤에서 실업은 노동 수급 과정에서 잠시 힘들어진 상황의 단기간 휴직 상태를 '계절 실업'이라 하고, 장기간 침체기를 예상하는 상태는 '구조적 실업'이라 분류하여 대응한다. 계절 실업은 평균 6개월을 넘지 않은 상태에서 급여의 80%를 지급하고 보통 해당 협동조합에 복귀하는 경우가 일반적이다. 구조적 실업은 2년까지 평균 급여의 80%와 실업수당을 합쳐 연 14회에 걸쳐 나눠 받는데, 2년 동안 최대 12개월분에 해당하는 금액을 받을 수 있다.

재배치위원회는 각 협동조합과 연결하면서 새로운 일자리를 물색하고 협동조합의 신규인력 수요가 발생하면 0순위로 배치한다. 이런 제도는 지금과 같은 고실업 국면에서 노동자 조합원들을 안정시키는 가장 중요한 임무를 수행하고 있다.

협동조합으로
유토피아를 건설하다
: 한국 역사 속 공동체

'우리 민족은 모래알과 같아서 뭉치는 법이 없다.' 한민족을 이런 식으로 비하하는 이들이 적지 않다. 정말 우리 민족은 협동하지 못하고 서로 경쟁만 하는 사람들인가. 그런데 우리의 역사를 자세히 들여다보면 협동의 역사가 내재해 있다는 사실을 알 수 있다. 실제로 우리의 역사에는 요즘의 금융조합과 비슷한 모임이 존재했는데 그 대표적인 것이 바로 '계契'다.

우리의 역사 속에 '계'가 처음 등장한 것은 삼한 시대부터인데, 특히 변한 지역에서 발달했다고 한다. 변한은 본래 9개의 부족으로 이루어져 있었고 그 부족의 장을 '간'이라고 했다. 변한에서는 각 부족의 장인 9간이 모여 공동문제를 협의하는 모임을 했는데, 특히 9간이 모두 모이는 모임을 '계'라고 했다. 변한 시대의 '계'는 물가에서 몸을 깨끗이 씻으며 회의를 하는 신성한 자리를 의미했다.

하지만 시간이 흐르며 '계'는 공동체의 대소사를 결정할 때나 개인의 혼례, 상례, 회갑과 같은 대소사가 있을 때 함께 돕는 모임으로 진화했다. 이후 신라 초기의 유리왕 시대에 계가 다시 등장한다. 왕녀 두 사람이 도성의 여성들을 모아 각 편을 만들어 길쌈을 하고 이를 심사해서 상을 주는 행사를 하는데, 이때 계가 다시 등장한 것이다. 기록에 따르면 진 사람들이 이긴 편에게 술과 음식을 대접하는 가배를 행하기 위해 계를 조직했다고 한다.

신라에 등장한 이 모임은 훗날 '가배계'라고 이름이 붙는다. 공동작업, 공동모임을 운영하는 '계'는 신라의 전통으로 이어져 화랑에게로 전해진다. 신라의 화랑은 '향도계'라는 조직을 결성해 공동모임을 운영했다. 현대에 이르러서도 친목과 공제를 목적으로 하는 모임을 '계'라고 하는데, 그 이름에는 이처럼 수천 년의 역사적 배경이 들어있다.

공공의 이익을 위한 모임인 '계'는 현대의 '협동조합'과 그 형태가 매우 유사하다. 가배계, 향도계 등으로 시작된 '계'는 마을 사람들의 모임으로 시작해 공동 재산이나 공공 기금을 마련하는 것으로 발전했다. 함께 모은 재산은 공동의 목적으로 쓰기도 하고, 돈이 필요한 사람에게 빌려주고 이자를 받기도 했다. 이처럼 역사 속에 기록된 '계'는 구성원들끼리 친목을 다지고 서로 도움을 주고받는 관계에서 시작해, 금융기관의 형태로 발전했다.

계는 조선 시대 말까지 발전했다. 처지가 비슷한 사람들끼리 힘을 합해 상부상조하는 협동체로 성장했지만, 한계가 있었다. 그 한계를 우리 민족은 향약으로 보완했다. 자율적이면서도 규약이 엄격했던 향약과 계는 민중들의 생활 속에 깊게 파고들었다.

현대적인 의미의 협동조합은 인적 결합, 경제사업, 상부상조, 봉사의 4가지 요소를 갖추었다고 한다. 이는 우리 역사에 남아 있는 '계'의 정신과 다르지 않다.

공동의 이익을 위해 힘을 모은 삼한 시대의 '계'로부터 시작해 함께 규약을 만들어 상부상조의 정신을 갖추고자 했던 '향약'에 이르기까지, 우리의 역사는 우리 민족을 '경쟁'이 아니라 협동의 민족으로 기록하고 있다. 우리 민족의 DNA에는 '경쟁'이 아니라 '협동'이 있으며, 협동 DNA가 현대에 이르러 '협동경제'라는 새로운 패러다임을 창조했는지도 모른다. 신용협동조합, '신협'의 정신은 어쩌면 수천 년 전부터 우리의 역사 속에서 면면히 살아 오늘까지 이어 내려온 것은 아닐까.

연대와 협동의 가치가 중심이 되는 협동조합 모델은 글로벌 금융위기 이후 더욱 주목받고 있다. 치열한 금융환경 속에서 지난 반세기 동안 굳건히 자리 잡은 금융협동조합, 신협의 성공사례는 바로 협동조합 모델의 우수성을 입증하는 것이다. 하지만 디지털 금융의 가속화, 저성장, 저금리, 저출산, 고령화 사회의 도래, 신규 금융시장 참여자의 등장 등 새로운 변화의 시대를 맞아 이제 신협은 융복합 협동조합을 통해 새로운 미래를 준비하고 있다.

우리는 이렇게 신협에 취업했어요!

김영대 사원
(광안신협)

KBS 방송 프로그램 중에 〈내일을 부탁해〉라는 프로그램이 있었습니다. 취업을 위해 고민하던 저는 지푸라기라도 잡는 심정으로 방송에 출연했고, 치열한 승부 끝에 우승을 거머쥐었습니다. 그리고 광안신협에 입사할 수 있었죠.

방송 출연을 통한 입사라는 특별한 도전은 작은 우연에서 시작됐습니다. 취업을 위해 노력하던 중 신협의 독특한 면접 방식이 마음에 들어 결심했고, 신협에 대해 알면 알수록 더욱 취업하고 싶었습니다. 특히 어떤 스펙도 보지 않는다는 점이 좋았습니다. 마지막 기회라는 심정으로 적극적으로 덤벼보자고 했죠.

최후의 2인에 뽑혀서 인턴을 시작했습니다. 방송과 취업이라는 두 가지를 한꺼번에 해야만 했기에 남들보다 더 피곤했지만 그만큼 신협에 입사하고 싶어 집중력을 잃지 말자는 의지로 오늘의 결과를 얻을 수 있었습니다.

평소에 저는 성격이 꼼꼼하지 못해 일하는 데 걸림돌이 될까봐 걱정되었습니다. 또 법학과를 졸업했지만, 신협에서 근무하다 보니 전공보다는 숫자와 더 친해져야 했죠. 몇 배의 노력을 들여야 한다고 생각하니 집중력이 더 필요했습니다. 숫자 뒤에 0을 하나 더 붙이거나 덜 붙이면 큰일이니까요.

저는 광안신협에 오시는 분이면 누구에게나 커피를 드리며 말을 건넵니다. 지나다가 잠시 쉬었다 가시라는 마음으로 인사도 합니다. 이익을 추구하는 데만 목적을 두는 것이 아니라, 지역 사회와 신협이 정으로 마주하는 관계가 되면 좋겠다는 생각으로 신협과 함께 성장하고 싶습니다.

윤영주
서기보
(장안신협)

열아홉 살에 신협의 직원이 된 저를 보며, 친구들은 행운의 소녀라고 불렀습니다. KBS 〈스카우트 시즌 2〉라는 방송 프로그램에 출연한 뒤, 저는 장안신협에 입사하게 되었습니다. 첫 통장과 체크카드를 신협에서 개설한 뒤 꾸준히 신협을 이용했던 저는 신협에 관한 관심이 컸습니다. 그러던 중 우연히 학교에서 방송한다는 소식을 접하게 됐고 우승하면 신협에 입사할 수 있다고 해서 도전하게 되었죠.

방송에 출연하면서 가장 힘들었던 것은 신협의 '햇살론'을 사람들에게 알리며 전단 100장을 돌리는 미션이었습니다. 시간을 효율적으로 쓰기 위해 식당에 들어갔고, 미션을 끝내고 나가려는데 식당 사장님이 노래를 불러 보라고 하셨습니다. 제가 시원하게 한 곡 부르고 나온 것을 신협의 선배님들이 긍정적으로 보셨다고 합니다.

나이도 어리고 돈을 만지는 일이라 고되다고 생각할 때도 있습니다. 또 일이 서툴러서 혼이 나기도 합니다. 하지만 이렇게 힘든 일도 조합원 분들을 만나면 모두 잊어버립니다.

신협은 직원과 조합원의 돈독한 사이가 인상적인 곳입니다. 금융기관과 이용자는 금전적인 거래로 서로 이익을 챙기는 곳이기 마련인데 신협은 조합원과 직원과의 관계가 가족적이죠. 한번은 조합원이 오셔서 인사를 했더니 머리 모양이 바뀌었다고 말을 걸어 주셨습니다. 직원의 머리 모양이 바뀐 걸 먼저 알아보고 인사를 하고, 조합원의 소소한 일상을 챙기며 서로의 안부를 묻는 신협이 저의 직장이라는 게 행복합니다.

이웃을 믿고 공생하는 마음이
신협의 시작입니다

박성호
전 신협연수원장
인터뷰 중에서

제가 가브리엘라 수녀님을 처음 만난 것은 1960년 12월입니다. 수녀님은 그때 제가 살고 있는 동네에 신협을 설립하려고 강의차 오셨지요. 그리고 1963년에 수녀님을 두 번째로 뵙게 되었는데 당시가 신협을 이끌 지도자들을 양성하려고 협동조합교도봉사회라는 것을 만들 때였어요. 신협이 자리를 잡다 보니까 전국에서 사람들을 모아서 지도자를 양성시켜 보내는 일을 시작하신 거였죠. 그때 마침 제가 시간 여유가 있어서 그 협동조합교도봉사회 일을 좀 도와드렸더니 수녀님께서 "너 서울 사무실에 같이 가겠냐." 하셨어요. 그래서 그냥 쉽게 "가겠습니다." 하고 따라왔습니다. 그때 저는 교편을 잡고 있었는데 어쩌다 보니 그냥 수녀님을 따라가게 됐어요.

수녀님이 처음부터 신협을 생각하셨던 건 아니었어요. 수녀님이 계셨던 메리놀 수녀회는 부산이 연고였는데 그곳에서 수녀

212

님은 전쟁미망인들을 모아놓고 수예를 가르치셨어요. 푼돈이라도 벌 수 있도록 손수건에다가 수를 놔서 만들면 수녀님이 미군들에게 가서 팔아다 주셨죠.

당시에는 어려우니까 외국에서 각종 원조단체가 한국에 많이 들어와 있었어요. 밀가루며 옥수수 가루며 나눠주고 그랬죠. 그런데 수녀님이 이런 상황을 가만히 보다 보니까 이렇게 일시적으로 도와주는 것은 한계가 있다고 느끼신 거예요. 한국 사람들이 어려움에서 벗어나려면 스스로 일어서는 길밖에 없다고 생각하신 거죠. 그래서 고민을 많이 하다가 외국 가서 공부해서 신협을 배워 오셨어요. 그때 가브리엘라 수녀님 연세가 57세였는데 캐나다에 가셔서 배워 오셔서 캐나다 신협 모델이 한국으로 넘어왔습니다. 그러고 나서 한 몇 년 동안 홍보를 하신 거죠. 그런데 신협이 처음부터 쉽게 된 건 아니었어요. 왜냐면 그때 사회가 어려웠으니까요.

사람들은 먹고살기 바쁘지, 인심은 흉흉하지 그러니까 관심을 갖기가 어려웠어요. 그래서 한 2년 걸려서 메리놀병원의 직원들, 다른 병원의 직원들, 가톨릭 구제회 직원들, 성당에 있는 임원들 이런 분들이 모여서 성가신협을 만든 거예요. 만들 때도 자료가 없으니까 미국에 있는 신협중앙회에 의뢰를 해서 영문 자료를 많이 얻어 가지고 거기서 번역해서 기초 자료로 삼았지요. 처음엔 그렇게 성가신협을 만든 다음 전표 같은 것은 한국식으로 바꿔서 시작했는데 하루 거래량이 많지가 않았어요. 하루에 두서너 건이 있을까 말까 그랬습니다. 그렇게 해서 한 몇 년 하다 보니까 점점 커졌지요.

부산은 피난민들이 가장 많이 모였던 곳이었어요. 그분들 생활이 하루 끼니를 때우기가 굉장히 힘이 들 정도라서 장사를 해도 잘 되지가 않았지요. 또 어렵다 보니까 서로가 자기만 살려고 하지 남을 돕겠다는 것은 마음속에 있을 수가 없는 상태였어요. 그러다 보니까 경쟁이 심해지고 불신도 커졌지요. 그러다 견디다 못한 그분들이 스스로 모여서 이렇게는 안 되겠다, 서로 협조하면서 도와보자, 하는 마음이 일 때 신용협동조합이란 것이 눈에 들어오게 됐어요.
은행은 돈 있는 사람만 가는 곳이니 가난한 사람은 가질 못했어요. 그래서 저희는 교육을 통해 어렵지만 나 스스로 저축하지 않으면 일어설 수 없다, 적자 생활을 하는 한이 있더라고 조금이라도 저축하자 하면서 저축에 대한 강조를 굉장히 중요하게 해서 신협으로 오도록 독려했어요. 그분들이 저축에 필요성을 느끼도록 말이에요.
저희는 교육할 때 1원이 되어도 좋다. 하루 1원, 한 달에 1원이라도 저축하자고 했어요. 그리고 푼돈을 저축하자 하지 목돈이야기를 절대 안 했어요. 왜냐면 어려우니까 목돈이라는 말자체를 쓸 수가 없었거든요. 그렇게 푼돈을 모으자고 홍보해서 사람들이 푼돈을 가지고 오는데…… 그 당시를 혹시 기억하실

지 모르겠지만 1원 지폐를 썼거든요. 그런데 이 1원짜리 지폐 재질이 아주 좋지가 않았어요. 그 1원이 시장을 돌고돌다 보면 흐물흐물해져가지고 너덜너덜해요. 그래서 그 돈이 얼마인지 헤아리려면 힘이 들 정도였어요. 사람들이 그런 것을 모았다가 만 원 정도가 되면 묶어서 은행에다가 예금을 하거든요. 한 번은 제가 그런 돈을 받았는데 은행에 가져다주기 미안해서 다리미질을 했습니다. 지폐를 빳빳하게 깨끗하게 해가지고 은행에 갖다 줬더니 직원이 좋아하시더군요. 어쨌든 성가신협은 그렇게 해서 사람들 사이에 퍼졌습니다.

그런데 사람들이 신협을 해 보니까 재미가 있거든요. 자기가 갖고 있던 푼돈을 어렵지만 모아보니 조금씩 쌓여지는 게요. 그리고 이제 1년 지나고 2년 지나니까 자산도 생기고, 자기가 필요할 때 신협에 와서 돈 좀 꿔달라고 하니까 빌려주기도 하고요. 그러면서 소문이 퍼졌습니다. 사람들이 신협을 이해하기 시작하고 참여하려고 한 거죠.

처음에 시작했을 때는 우리가 신협을 뭐라고 설명했냐면 신협은 서로 잘 알고, 믿을 수 있는 사람들끼리 모여서 푼돈을 저축하고 나중에 내가 필요할 때는 빌려 쓰는 곳이다, 그렇게 쉽게 설명을 했습니다. 요새는 신협의 정의를 다르게 내리지만요. 그러니까 사람들이 점점 관심을 갖기 시작했죠. 그러면서 이웃도 만들어지고 점점 신협이 퍼져나갔습니다.

4부

협동조합과 신협에 대해
물어보세요
Q&A

Q 협동조합을 더 자세히 설명해 주세요

대한민국에 협동조합 바람이 일어난 것은 2012년 협동조합 기본법이 제정된 이후라고 할 수 있습니다. 이전에는 협동조합을 설립하는데 3억 원 이상의 출자금과 200명 이상의 발기인으로 구성되어야 했지만 새로운 법안으로 인해 출자금 제한이 사라지고, 발기인도 5명으로 완화되었죠.

협동조합은 비슷한 목적을 가진 생산자 또는 소비자가 모여 각자의 이익을 도모하기 위해 만드는 단체입니다. 일반 기업과 다르게 자본이나 기반이 취약한 경제적 약자들이 모이는데 사기업과 달리 제1의 목적이 이윤추구가 아니라 상호협동을 통한 편의증대에 있죠.

협동조합은 다음과 같은 몇 가지 원칙이 있습니다. 협동조합에 가입하기 위해서는 출자금을 내야 합니다. 출자금은 일종의 자본금처럼 쓰이는데, 주식과 달리 출자금이 천 원이건 백만 원이건 의결권은 동일합니다. 최소출자금은 협동조합 정관에 기재되어 있는데, 최소출자금은 조합의 성격과 규모에 따라 천차만별이고 최소출자금 이상 출자해도 조합원 간 출자금 액수와 상관없이 동일한 의결권을 갖습니다. 경우에 따라서 일인당 출자금액의 상한선이 있는 경우도 있습니다.

출자금에 따라 배당을 주는 것도 협동조합의 원칙입니다. 출자금을 현금배당으로 직접 주기도 하고, 배당금을 출자금에 더하는 곳도 있습니다. 만약 조합이 사업적으로 이익을 얻지 못한다면 배당은 없습니다. 손해도 이익도 출자자의 책임인 것이죠.

조합을 탈퇴하면 출자금을 전액 환불해주는 곳도 있지만, 대부분 '탈퇴조합원의 지분환급을 탈퇴를 신청한 연도의 자산부채에 따라 그 다음 연도에 지급한다.'는 협동조합기본법 제26조 제1항에 따라 자산부채에 비례해 환불합니다. 많이 벌면 환불 액수도 커지지만 그렇지 않으면 환불 금액도 적어지죠.

　2008년 세계금융위기 때 주요 선진국들의 협동조합이 고용안정 등의 측면에서 효과를 거두자, 한국에서도 협동조합기본법을 제정하여 협동조합의 설립이 용이하게 한 측면이 있습니다.

　협동조합이 자본주의 시장경제체제의 대안으로 떠올랐으나, 협동조합이 자본주의 기업을 완전히 대체한 것은 아닙니다.

　볼로냐 대학의 경제학과 교수 스테파노 자마니는 '자본주의 기업과 협동조합은 서로 장단점이 명확하고, 서로 가려주지 못하는 부분을 가려주는 좋은 파트너'라고 말한 바 있습니다. 예를 들면, 금융이라던가 석유 시추같은 막대한 자본이 필요한 사업에는 협동조합이 많은 돈을 투자하기 어렵습니다. 협동조합이 대기업과 같은 사기업에 비해 상대적으로 규모가 작기 때문이죠.

　출자금 액수와 무관하게 조합원이 1인 1표를 행사하기 때문에 민주적인 기업 운영이 가능합니다. 이사회-대의원회-조합원 총회의 순서로 의사결정을 내리며 이사회와 대의원회는 조합원 투표로 선출합니다. 조합의 운영방향이나 이사, 대의원의 활동이 조합의 목적 등에 불합치하면 해당 임원에 대한 해임이 조합원들에 의해 가능하죠. 때문에 자본에 의한 기업 지배, 운영진에 의한 독재가 불가능합니다. 그래서 엔론 같은 사태(미국의 7대 기업이었던 '엔론'의 회계부정 사건)에서 자유롭고 안전하죠.

조합의 이익이 아닌 조합원의 이익이 우선이기 때문에 협동조합은 적자가 나도 조합원은 이익을 얻는 형태로도 얼마든지 운영할 수 있습니다. 협동조합이라는 기업보다 조합원의 이익에 충실한 것이 원칙입니다.

협동조합의 설립은 발기인 모집 → 정관 작성 → 설립 동의자 모집 → 창립총회 개최 → 설립 신고 → 발기인의 이사장에 대한 사무인계 → 조합원의 출자금 등 납입 → 설립 등기의 단계를 거쳐 진행됩니다.

1. 발기인 다섯 명 이상이 원칙이다.

2. 정관 작성하기 협동조합의 목적, 조직, 운영방법 및 사업 활동 등에 관한 기본적 사항을 규정한 정관을 만들어야 한다.

3. 설립 동의자 모으기 발기인은 창립총회 전까지 설립동의자를 모아야 한다.

4. 창립총회 개최하기 창립총회에서는 정관, 사업계획, 예산안, 이사장 및 임원 · 감사 선임 등에 대한 의결이 이뤄지는데, 설립동의자 과반수 출석과 출석자의 2/3 이상의 찬성으로 의결된다.

5. 설립 신고하기 설립 신고는 발기인이 주된 사무소의 소재지를 관할하는 특별시장 · 광역시장 · 특별자치시장 · 도지사 · 특별자치도 지사에게 하며, 신고 시에는 협동조합 설립 신고서에 정관 사본, 임

원 이력서와 사진이 포함된 임원 명부, 출자 1좌(座) 당 금액과 조합원 또는 회원별로 인수하려는 출자좌 수를 적은 서류 등의 서류를 첨부하여 제출해야 한다.

6. 사무 인계하기 발기인은 설립총회에서 선출된 이사장에게 사무를 인계한다.

7. 출자금 등 납입하기 조합원이 되려는 자는 1좌 이상 출자해야 한다. 출자 형태는 정관이 정하는 바에 따라 현물 출자도 가능하다.(협동조합 기본법 제22조 제1항 단서)

8. 설립 등기하기 협동조합은 출자금 납입이 끝난 날부터 14일 이내에 주된 사무소 소재지의 등기소에 설립등기를 해야 한다.

이런 절차를 거쳐 협동조합을 설립할 수 있습니다.

Q 우리도 협동조합을 만들고 싶어요

2017년 9월에 설립한 협동조합을 예로 들어볼게요. 제주도를 사랑하는 사람들이 매력적인 제주도를 여행하는 것을 즐기고, 제주도를 여행하는 방법을 널리 알리기 위해 제주도여행협동조합(JTCOOP)을 설립하겠다고 결심했습니다. 제주도 여행을 사랑하는 여섯 명의 발기인이 모여 제주도여행협동조합이 만들어졌답니다. 이들은 출자금(1구좌당 5만 원)을 모아, 조합을 설립했고요.

이들이 조합 설립의 필요성을 제기한 것은, 제주도 여행이 공급자(여행사) 중심이라는 데 의견을 같이 했기 때문이었습니다.

공급자 중심의 제주여행을 소비자 중심으로 바꾸는데 제주도여행협동조합이 큰 역할을 할 수 있겠다고 생각했죠. 시기나 가격도 천차만별인 제주 여행에서 지금까지 소비자는 공급자가 제시하는 여행상품을 선택하는 소극적인 역할만을 할 뿐이었습니다. 소비자가 주체가 되는 여행을 만든다면, 소비자에게 보다 합리적인 가격과 혜택이 돌아갈 수 있을 것이란 생각에서였죠.

제주도여행협동조합에 관한 필요성은 모두 인식하고 있었지만, 구체화하기 시작한 것은 2016년이었고, 2017년 여름 설립인가를 받았습니다. 설립인가를 받고 여섯 명의 발기인들은 제주도여행협동조합을 보다 확대하기 위하여 조합원을 모집하는 데 힘을 기울이기 시작했습니다. 합리적인 가격과 더 많은 혜택이 조합원에 돌아가려면 적정한 규모의 조합원이 필요하기 때문이죠.

제주도여행협동조합의 정관을 사례로 들어 이들이 어떤 목적으로 조합을 설립하고 향후 어떠한 비전을 갖게 될 것인지 확인할 수 있습니다. 제주도여행협동조합은 제주도특별자치도지사의 신고서류 수리가 완료되어 2017년 9월 사업자등록증을 만들어 조합을 시작했답니다. 여기서 제주도여행협동조합 정관의 일부를 소개합니다.

제주도여행협동조합 정관

제1장 총칙

제1조(설립과 명칭) 이 조합은 협동조합기본법에 의하여 설립하며, 제주도여행협동조합이라 한다.

제2조(목적) 제주도여행협동조합(이하 '조합'이라 한다)은 자주적·자립적·자치적인 조합 활동을 통하여 구성원의 복리증진과 상부상조 및 국민경제의 균형 있는 발전에 기여하기 위하여 조합원이 필요로 하는 제주도여행관련 서비스를 구매 또는 이용하는 것을 목적으로 한다.

제3조(조합의 책무) ① 조합은 조합원 등의 권익 증진을 위하여 교육·훈련 및 정보 제공 등의 활동을 적극적으로 수행한다.
② 조합은 다른 협동조합, 다른 법률에 따른 협동조합, 외국의 협동조합 및 관련 국제기구 등과의 상호 협력, 이해 증진 및 공동사업 개발 등을 위하여 노력한다.
③ 조합은 제주도 관광산업의 서비스혁신과 지속적인 가치제안을 통해 조합원과 판매자간의 무한한 신뢰와 진정한 공생을 목적으로 한다.
④ 조합은 조합원들이 합리적인 여행소비를 할 수 있도록 적극 노력한다.

제4조(사무소의 소재지) 조합의 주된 사무소는 제주특별자치도에 두며, 규정에 따라 필요한 곳에 지사무소를 둘 수 있다.

제5조(사업구역) 조합의 사업구역은 대한민국으로 한다.

제6조(공고방법) ① 조합의 공고는 주된 사무소의 게시판(지사무소의 게시판을 포함한다)에 게시하고, 필요하다고 인정하는 때에는 제주특별자치도에서 발간되는 일간신문 및 중앙일간지에 게재할 수 있다.
② 제1항의 공고기간은 7일 이상으로 하며, 조합원의 이해에 중대한 영향을 미칠 수 있는 내용에 대하여는 공고와 함께 서면으로 조합원에게 통지하여야 한다.

제7조(통지 및 최고방법) 조합원에 대한 통지 및 최고는 조합원명부에 기재된 주소지로 하고, 통지 및 최고기간은 7일 이상으로 한다. 다만, 조합원이 따로 연락받을 연락처를 지정하였을 때에는 그곳으로 한다.

제8조(공직선거 관여 금지) ① 조합은 공직선거에 있어서 특정 정당을 지지·반대하거나 특정인을 당선되도록 하거나 당선되지 아니하도록 하는 일체의 행위를 하여서는 아니 된다.

② 누구든지 조합을 이용하여 제1항에 따른 행위를 하여서는 아니 된다.

제9조(규약 또는 규정) 조합의 운영 및 사업실시에 관하여 필요한 사항으로서 이 정관으로 정한 것을 제외하고는 규약 또는 규정으로 정할 수 있다.

제2장 조합원

제10조(조합원의 자격) 조합의 설립목적에 동의하고 조합원으로서의 의무를 다하고자 하는 자로, 조합의 사업구역 내에 주소나 거소 또는 사업장이 있거나 근무지를 가진 자는 조합원이 될 수 있다.

제11조(조합원의 가입) ① 조합원의 자격을 가진 자가 조합에 가입하고자 할 때에는 협동조합 웹사이트에서 온라인 회원가입을 하여야 한다.

② 온라인 회원가입 후에는 가입신청서를 작성하여 제출하여야 한다.

③ 조합은 제2항에 따른 신청서가 접수되면 신청인의 자격을 확인하고 가입의 가부를 결정하여 신청서를 접수한 날부터 2주 이내에 신청인에게 서면 또는 전화 등의 방법으로 통지하여야 한다.

④ 제3항의 규정에 따라 가입의 통지를 받은 자는 조합에 가입할 자격을 가지며 납입하기로 한 출자좌수에 대한 금액을 지정한 기일 내에 조합에 납부함으로써 조합원이 된다.

⑤ 조합은 정당한 사유없이 조합원의 자격을 갖추고 있는 자에 대하여 가입을 거절하거나 가입에 관하여 다른 조합원보다 불리한 조건을 붙일 수 없다.

제12조(조합원의 고지의무) 조합원은 제11조제2항에 따라 제출한 가입신청서의 기재사항에 변경이 있을 때 또는 조합원의 자격을 상실하였을 때에는 지체 없이 조합에 이를 고지하여야 한다.

제13조(조합원의 책임) 조합원의 책임은 납입한 출자액을 한도로 한다.

제14조(탈퇴) ① 조합원은 탈퇴하고자 하는 날의 30일 전에 예고하고 조합을 탈퇴할 수 있다.

② 조합원은 다음 각 호의 어느 하나에 해당하는 때에는 당연히 탈퇴된다.

1. 조합원 지위의 양도 등 조합원으로서의 자격을 상실한 경우

3. 조합원과 직원에 대한 상담, 교육·훈련 및 정보제공 사업

4. 조합 간 협력을 위한 사업

5. 조합의 홍보 및 지역사회를 위한 사업

6. 전시 및 행사 대행 사업

7. 광고업

8. 위 각 호에 관련된 부대사업 일체

② 조합의 사업은 관계 법령에서 정하는 목적·요건·절차·방법 등에 따라 적법하고 타당하게 시행되어야 한다.

③ 제1항과 제2항에도 불구하고 조합은 「통계법」 제22조제1항에 따라 통계청장이 고시하는 한국표준산업분류에 의한 금융 및 보험업을 영위할 수 없다.

제62조(사업의 이용) 조합은 조합원이 이용하는 데에 지장이 없는 범위에서 조합원이 아닌 자에게 사업을 이용하게 할 수 있다.

제63조(사업계획과 수지예산) ① 이사회는 매 회계연도 경과 후 2개월 이내에 해당 연도의 사업계획을 수립하고 동 계획의 집행에 필요한 수지예산을 편성하여 총회의 의결을 받아야 한다.

② 제1항에 따른 사업계획과 예산이 총회에서 확정될 때까지는 전년도 예산에 준하여 가예산을 편성하여 집행할 수 있다. 이 경우 총회의 사후 승인을 받아야 한다.

③ 이사회가 총회에서 확정된 사업계획과 예산을 변경한 때에는 차기 총회에서 사후 변경승인을 받아야 한다.

제7장 회계

제64조(회계연도) 조합의 회계연도는 매년 1월 1일부터 12월 31일까지로 한다.

제65조(회계) ① 조합의 회계는 일반회계와 특별회계로 구분한다.

② 당해 조합의 사업은 일반회계로 하고, 특별회계는 조합이 특정사업을 운영할 때, 특정자금을 보유하여 운영할 때, 기타 일반회계와 구분 경리할 필요가 있을 때 설치한다.

제66조(특별회계의 설치) 특별회계는 필요시 설치한다.

제67조(결산등) ① 조합은 정기총회일 7일 전까지 결산보고서를 감사에게 제출하여야 한다.

Q 신협은 어떤 일을 하는 곳인가요?

———

신협은 경제적 약자들이 경제적·사회적 어려움을 스스로 해결하고자 자발적으로 조직한 비영리 금융협동조합입니다. 지역조합, 직장조합, 단체조합이 있으며 조합원에게 금융 편익을 제공해 지역경제 발전에 이바지하는 것을 목적으로 합니다.

조합원을 위한 비과세 예금, 서민대출, 신용카드, 인터넷뱅킹, 스마트폰뱅킹, 24시간 전자금융서비스, 각종 공과금 수납 등 서민금융의 대표주자로 다양한 금융 업무를 수행하고 있습니다.

또한 서민들의 경제여건에 맞춘 생명보험, 교육보험, 연금보험, 종신보험, 손해보험 등 서민형 보험(공제) 서비스와 안전하고 저렴한 상조 서비스 등 생활 밀착 금융서비스를 제공하고 있습니다. 이와 함께 신협은 지역 내에서 조성한 자금을 다시 지역 내에서 활용함으로써 지역 경제 활성화는 물론 어린이집, 주부대학, 취미교실, 독서실, 예식장, 헬스장, 공동구매와 판매, 환경보전, 장학사업, 불우이웃 돕기, 자원봉사 등 다양한 사회공헌 활동을 통해 지역 주민과 지역사회를 위한 사업을 전개하고 있습니다.

Q 신협은 협동조합인가요?

———

협동조합은 공동으로 소유하고 민주적으로 운영되는 조직구조로 공동의 경제, 사회, 문화적인 수요와 요구를 충족시키기 위해 자발적으로 결성한 자율단체입니다. 세계적으로 10억 명 이상이 협동조합의 조합원입니다. 신협도 협동조합이 맞습니다. 신협은 서로 믿는 사람들이 경제적·사회적 어려움을 해결하기 위해 스스로 조직한 비영리 금융협동조합입니다. 신협은 국가가 신협 법을 제정하여 보호하고 육성하는 우리나라의 대표적인 협동조합입니다.

Q 은행과 신협의 확실한 차이는요?

주인이 다르다? 신협의 주인은 조합원이고, 은행의 주인은 주주입니다. 은행은 주인이 주주이고 경영자는 직원이며, 이용자는 일반 고객이지요. 은행의 고객은 경영에 참여할 수 없지만, 신협은 조합원들이 대표자를 선출하거나 총회를 통해 의사결정에 참여할 수 있습니다.

은행은 주식의 양에 따라 표가 결정되지만, 신협은 1인 1표로 평등합니다. 즉 신협의 의결권은 출자금액에 관계없이 조합원 모두 공평하게 1인 1표로 주어지며 민주적인 운영을 원칙으로 합니다.

은행은 주주가 이익을 나눠 갖지만, 신협은 조합원에게 이익을 돌려줍니다. 은행에서는 이익이 남으면 국적에 상관없이 주주에게 돌아가지만, 신협의 이익은 출자배당, 수수료 감면, 이용도에 따른 환급, 복지사업 등을 통해 모든 조합원에게 돌아간답니다.

Q 신협에도 비과세 혜택이 있나요?

저금리 속에서 안전자산을 선호하는 사람이라면 신협 예금을 적극 활용해보세요. 신협 예금의 최대 매력은 단연 비과세 혜택이랍니다. 신협은 서민들의 경제적 자립을 지원하기 위해 조합원의 경우 예금의 3천만 원까지 이자소득세가 면제됩니다. 시중은행 예금은 총 15.4%의 세금을 내지만 신협은 이자소득세 14%가 면제되기 때문에 농특세 1.4%만 내면 됩니다.

연 2% 금리를 주는 은행 예금과 신협 정기예금에 각각 3,000만 원씩 투자했을 때를 비교해보면 1년 뒤 붙는 이자가 모두 60만 원이지만 은행에서는 15.4%의 세금(92,400원)을 떼고 507,600원을 고객에게 지급합니다. 이에 비해 신협에서는 1.4%의 농어촌 특별세(8,400원)만 떼기 때문에 실제 받는 이자가 591,600원으로 84,000원이 더 많습니다. 예금금리는 같지만, 신협 정기예금의 수익이 84,000원, 즉 은행 이자 대비 16.5%(84,000/507,600X100)가 더 높습니다. 이게 바로 비과세의 절세 효과입니다. 요즘 같은 저금리 시대에, 금리나 재테크에 민감한 소비자로서는 큰 혜택인 셈입니다.

이와 함께 신협에는 주식과 비슷한 개념으로 자본금을 구성하는 출자금이 있습니다. 신협 출자금은 조합원 자격과 권리 취득의 요건이며, 매년 경영결과에 따라 배당을 해줍니다. 1천만 원 이하 출자금에 대한 배당소득세는 면제된답니다. 신협의 경영이익 대부분을 조합원의 출자 배당금이나 지역사회공헌사업으로 환원하기 때문입니다.

Q 대출도 받을 수 있나요?

　신협 대출은 신용도나 담보제공능력이 떨어지는 서민 조합원들에게 유리합니다. 불황에는 저신용자들이나 다중채무자들이 가장 큰 타격을 입게 되는데 신협은 이들을 위한 다양한 맞춤 대출을 지원하고 있습니다.

다양한 서민 맞춤 대출

- 신협 햇살론 : 저신용자와 저소득자 지원을 위한 특례보증 상품
- 신협 희망가득 전환대출 : 고금리 대출을 신협의 저금리 상품으로 전환해주는 상품
- 신협 더드림 신용대출 : 신용등급이 다소 낮아(4~7등급) 대출승인이 거절된 재심사자들을 지원하기 위한 상품
- 신협 더불어 사회나눔 지원 대출 : 시중은행은 물론 햇살론 등 특례보증대출도 받을 수 없는 저신용자들을 위한 사회공헌 상품. 금리를 우량 신용등급자들에게 제공하는 수준의 저금리를 적용함으로써 실질적인 금융소외계층의 자활을 돕는 상품
- 신협 더불어 신용대출 : 우수 조합원을 위한 맞춤 상품. 신용등급보다는 신협 이용도와 가족의 거래실적 및 평판, 성실성 등을 평가해 최대 1억 원까지 대출이 가능하며, 긴급 생활자금을 필요로 하는 우수 조합원에게 꼭 맞는 상품

Q 신협의 종류가 궁금해요

지역 신협

같은 지역의 주민들이 만든 신협

단체 신협

종교나 시장 등의 단체나 의사회, 변호사회 등 협회 회원들이 만든

신협(예: 가톨릭 명동신협, 건축사신협 등)

직장 신협

직장 내의 임직원들이 만든 신협(예: 두산신협, 대한항공신협, 삼성물산신협 등)

신협에는 공동유대가 있대요

각 조합은 행정구역(생활권·경제권), 직장, 단체 등을 중심으로 지역 신협, 직장 신협, 단체 신협으로 구분되며 공동유대가 있는 조직에 조합원으로 가입할 수 있습니다. 서울 은평구에 사는 의사 홍길동 씨가 성동구에 있는 병원에 근무하고 있다면, 홍길동 씨는 은평구의 신협 또는 성동구의 신협, 그리고 본인이 근무하는 병원의 의사 신협에 조합원으로 가입할 수 있답니다.

Q 일반 은행에도 신협이 있다고요?

한국은행, 국민은행, 하나은행, 농협에는 또 다른 금융기관이 있습니다. 바로 직원들을 위한 신협인데 전국 20개 금융기관에 신협이 있답니다. 신협은 은행 직원들의 은행인 셈입니다.

Q 기업에도 신협이 있어요?

삼성, LG, 현대, SK는 우리나라를 대표하는 기업이지요. 이 회사 자체에도 신협이 있습니다. 우리나라의 경동시장, 미국의 NASA, 하버드 대학에도 신협이 있습니다.

Q 은행과 기업이 신협을 설립한 이유가 무엇인가요?

은행과 기업에서 신협을 설립해 이용하는 이유는, 직장 구성원들을 위한 신협의 혜택 때문인데요. 우선 직원들은 신협 비과세 예금을 이용할 수 있고, 사내기금으로 운영하는 것보다 신협으로 운영하면 신협의 예금자보호법에 따라 예금보호를 받는다는 것도 큰 장점이기 때문입니다. 또 대출도 퇴직금범위 내에서 일정금액까지는 수시로 편리하게 이용할 수 있습니다. 공동구 · 판매사업, 쇼핑몰 운영, 구내매점, 휴게실 운영, 자판기 운영 사업 등 다양한 사내복지사업을 통해서도 구성원들에게 혜택을 제공하고 있습니다.

Q 신협에 입사하려면 어떻게 해요?

① 전국 900여 개 신협에서는 매년 상 · 하반기 각각 1회씩(연간 2회) 신입직원을 공동채용하고 있습니다. 서류전형, 종합 직무능력검사(일반상식 및 선택과목(민법, 회계, 경제, 경영 중 택 1)), 최종면접을 거친 다음 3개월의 수습으로 평가를 받아요. 그다음에 정규직으로 채용됩니다.

※전국 공동채용 외에도 조합별로 수시채용이 있답니다.

② 신협은 지역 주민들이 이용하기 편리하고 친근한, 문턱이 낮은 금융협동조합을 지향하고 있어요. 지원자의 나이, 학력, 전공, 학점, 어학 점수 등에 관한 제한이 비교적 없는 편이며 해당 지역 거주자 및 지역 내 고등학교 또는 대학교 졸업자(졸업예정자 포함)에 대해서는 가점 혜택을 주고 있답니다.

③ 신협은 도전과 열정이 있는 인재를 추구합니다. '적극적인 도전 의식과 열정적인 자세'로 조합과 조합원을 위해 도움이 되는 일을 찾아 나설 마음이 있다면 도전하세요.

한편 신협중앙회에도 도전해 볼 수 있겠는데요. 다음과 같은 방법이 있답니다.

① 신협중앙회에도 매년 1회 공채를 진행하고 있으며, 전국 신협을 지원하는 업무를 하는데 여신, 수신, 보험 등의 기본 금융 업무와 회원 신협을 지도 · 감독하는 경영지원, 조직관리, 감독, 검사 업무를 비롯해 기획조정, 인사, 총무, 세무, 통계, 자산운용, 전산, 조사연구, 홍보, 복지사업 등 다양한 업무를 하게 됩니다.

② 신협중앙회의 입사 전형은 자기소개서를 포함한 (1차) 서류전형, (2차) 필기 고사, (3차) 1차 면접, (4차) 2차 면접 순으로 진행됩니다. 모집부문은 일반직군, 전문직군, IT 직군이며 일반직군의 경우 토익 800점 이상이면 지원할 수 있고, 기존 상경계열뿐만 아니라 다양한 분야의 전공자들에게 취업 기회가 열려 있답니다. 또한, 지역 인재 선발을 장려하는 등 조합을 지원하는 현장밀착형 신협 전문가를 우대합니다.

③ 신협중앙회 인재 선발의 특징은 협동조합 정신을 갖춘 전인(全人)적 인재 발탁이랍니다. 시중 은행과 달리 신협중앙회는 주주의 이익이 아닌 조합과 조합원의 발전을 목적으로 설립한 조직이므로, 금융 · 경제 및 영어성적 못지않게 문학, 철학, 역사 등의 인문학적 소양과 공동체를 지향하는 협동조합의 가치를 이해하는 것이 중요하기 때문입니다.

Q 신협에도 보험이 있어요?

보험 가입도 신협에서 할 수 있습니다. 신협에는 서민들의 경제여건에 맞추어 보험료(공제료) 부담을 최소화하는 데 초점을 맞춰 설계한 서민형 비영리 보험이 있습니다. 서민들의 경제적 보호를 위해 비영리로 운영되니 보험료가 상대적으로 저렴하답니다. 특히 신협은 일반 민영보험사처럼 영업조직망을 운용하는 것이 아니라 전국의 900여 개 단위조합과 1,600여 점포의 공제 모집인 자격을 갖춘 임직원을 통하여 판매하기 때문에 보험료가 저렴합니다.

Q 상조 서비스도 있다고요?

신협 상조상품은 신협과 재향군인회가 함께 개발해 만든 신협 조합원을 위한 장례서비스 상품이랍니다. 신협의 슬로건인 '요람에서 무덤까지'를 실천하는 조합원 맞춤사업으로 전국 900여 개 신협을 통해 가입할 수 있으며, 일반인들도 신협 조합원으로 가입하면 이용이 가능합니다.

Q 신협은 문화센터이자 스포츠센터?

신협에서 금융업무만 이용한다면? 그것은 신협을 50%도 이용하지

234

않는 것이랍니다. 신협은 문화센터의 기능도 하는데요. 조합마다 어린이 경제교실, 주부대학, 노인대학, 인문학 카페, 꽃꽂이, 서예교실, 국악교실, 바리스타 교실 등 다양하게 운영하고 있습니다. 건강한 여가 생활을 위한 헬스장, 벨리댄스, 산악회, 축구회, 골프 등 다양한 스포츠 교실도 운영하고 있으니, 신협은 그야말로 없어서 안 될 조합원들의 사랑방 역할을 톡톡히 한답니다.

Q 자영업자를 위한 아주 특별한 서비스가 무엇인가요?

짬을 내어 금융기관을 방문하기 힘든 자영업자라면 자영업자를 위한 카드 결제기 사업을 이용하면 됩니다. 신협 직원들이 수시로 가맹점을 방문해 신용카드 조회기 단말기 A/S뿐만 아니라 가게를 비울 수 없는 주인의 금융 업무를 도와드립니다.

Q 그 외에도 신협이 하는 일이 있나요?

도시와 농촌의 다리 역할을 합니다. 도시에서는 안전한 먹을거리를, 농촌에서는 지속적인 판로를 만들죠. 신협이 이들의 다리가 되기를 자청하는데요. 청정 제주지역의 신협 조합원이 생산한 고품질의 농산물을 대도시 지역 신협 조합원에게 직접 배송하는 '농산물 도농 직거래 사업'이 그것입니다.

제주에서 농사를 짓는 금빛과 고산신협의 조합원은 도시지역인 서울의 강북, 동작, 대아신협과 부산의 남천천신협에 건강한 농산물을 공급합니다. 농산물 도농 직거래사업을 통해 농촌 지역 조합원은 다양한 거래처를 확보하고 도시지역 조합원은 안전한 먹을거리를 저렴하게 사는 등 서로가 윈윈(Win-Win)할 수 있는 것이죠.

이처럼 신협에서는 사업의 활성화를 통해 지역 조합원에게 다양한 서비스 제공하고 신협 간 네트워크 구축을 통해 융복합 협동조합을 구현하고자 합니다. 그리고 이것이 대한민국형 융복합 협동조합의 새로운 모델이 되고 있습니다.

또한 신협의 마더협동조합 활동이 있습니다. 지역 신협 단위에서는 신협의 건물을 협동조합에 무상으로 임대(삼익, 주민)하기도 하고 협동조합에 대한 저금리 대출(북서울, 동작), 협동조합 신규 설립 인큐베이팅(북서울, 주민), 협동조합의 가치 및 실무 교육지원(구미, 원주 밝음) 등 다양한 방법으로 협동조합의 성장과 발전을 지원하고 있다.

Q 신협의 자산규모는 어떻게 되나요?

자산규모 아시아 1위

우리나라 신협의 자산규모는 아시아 1위입니다. 한국 신협은 일본,

태국, 필리핀, 말레이시아, 인도 등 아시아 22개국 신협 중에서 자산규모가 73조 8천억 원(2016년 12월 기준)으로 단연 1위입니다. 신협은 한국에만 있는 것이 아니랍니다. 세계 100여 개국에 신협이 있습니다.

물론 아시아 1위의 위상에 걸맞게 저개발국가를 지원하고 세계 신협의 공동발전에도 힘쓰고 있죠. 글로벌 금융위기 속에서는 서민 중산층을 위한 금융서비스와 협동조합의 참가치를 실현하는 데 앞장서고 있답니다.

행복해질 수 있는 조건을 갖춘 조직체가 되다

신협은 '더불어 함께하는 금융공동체'다. 신협은 지난 반세기 동안 '일인은 만인을 위해, 만인은 일인을 위해'라는 철학을 바탕으로, 더불 어 사는 사회를 지향하며 상생의 길을 만들기 위해 부단히 노력해왔다.

세상을 움직이는 데 필요한 힘들이 많이 있다. '권력', '학력', '사고 력' 등이 그것이다. 그에 반해 협동은 함께하는 마음, 함께하려는 정 신이라고 한다. 그런데 더불어 살아가는데도 '힘'이 필요하다. 그 힘이 바로 '협동력'이다. 신협 정신이야말로 협동력을 만들어가는 데 꼭 필 요한 덕목일지 모른다.

오스트리아의 철학자 이반 일리히Ivan Illich에 따르면 인간에게는 세 가지 선택지가 있다고 한다. '정치적 선택지', '기술적 선택지', '자기규 정의 선택지'인데 인간은 이 세 가지 중에서 방황하고 있다고 한다. 정 치적 견해가 어떻게 다른가는 자본주의와 사회주의의 선택으로 갈리 고, 모든 재화나 서비스의 생산과 유통, 소비에 있어서는 중앙집권이 냐 지역분권이냐 하는 기술적 선택지도 있다.

최근에는 자기규정의 선택에 관심이 쏠리고 있다. 소유를 통해 만족 하고 상품을 소비해야 생활할 수 있는 경제인, 호모 이코노미쿠스(homo economicus)와 산업 생산물의 소비를 포기하거나 산업 활동에 협력하기를 거부하는 사람이 될 것이냐를 선택해야 하는 것이다. 과연 우리는 어떤 선택을 할 수 있을까.

이익 지상주의의 자본 논리에 의해 살아가느냐, 아니면 자연과 인간의 눈높이에 맞추어 생산된 재화와 서비스를 통해 지금과는 다른 생활 방식으로 살아가느냐 하는 선택 사이에 방황하고 있다.

후자의 선택이 바로 협동조합이 추구하는 방향이다. 조합원들이 생산수단을 공동으로 소유하고, 시장 경쟁이 아니라 조합원 간의 협의와 호혜에 의해 분배하는 협동조합은 조합원들의 자발적 참여가 필수적이다.

협동조합기본법이 제정된 이후 정부와 지자체들이 협동조합 설립을 지원하고 각 분야에 협동조합을 도입하고 있다. 19세기 이전에 함께했던 '협동'을 기반으로 한 공동체 문화는 퇴색되었다. 그 자리에 대체된 자본주의는 불평등과 양극화, 빈곤을 낳았다. 하지만 그러는 사이에도 협동조합은 연 1억 개 이상의 일자리를 새롭게 창출했고, 글로벌에 맞서 지역경제를 활성화하는 데 이바지했다.

우리는 많이 가질수록 행복해질 거라고 믿었다. 일정한 기간 안에 한 나라가 생산한 재화와 용역을 모두 합한 값인 국민총생산(GNP)의 수치가 올라가면 행복도도 커진다는 단순한 믿음을 지켜왔다. 하지만 최근의 통계를 보면, 오히려 국민총생산이 올라갈수록 행복감은 떨어지는 것으로 나타났다.

당신은 지금 행복하다고 느끼고 있는가? 우리에겐 부유한 삶이 아니라 충만한 삶이 필요하다. 신협 운동은 진정한 의미의 '풍요로운 사회'가 되기를 지향하며, 개개인의 행복을 권장하고 있다. 구성원 모두가 더욱 행복해질 수 있는 사회적 조건을 갖춘 '새로운 경제'를 신협에서 찾을 수 있다. 이제 물질적 풍요만을 추구하던 기존의 틀에서 벗어나 인간이 더욱 행복해질 수 있는 사회적 조건을 갖춘 새로운 경제체제인 신협에서 행복을 저축해 보자.

경쟁 사회에 사는 현대인들은 마음에 품은 꿈이 하나 있다. 경쟁이 아니라 협력하는 사람들, 이윤이 아니라 나눔을 실천하는 사람들, 혼자 앞서가는 것이 아니라 함께 잘 사는 세상에서 살아보는 것이다. 그 세상을 위해 신협이 뛰고 있다. 우리가 꿈꾸는 미래, 이미 그 미래를 살고 있다. 한국 신협과 협동조합이 있기에.